Sämtliche Sprachkurse und Seminar-Videos finden Sie auf

www.birkenbihl-sprachen.de

sowie

www.birkenbihl.tv

Die Internetangebote werden laufend aktualisiert und erweitert.

Vera F. Birkenbihl, Rainer Gerthner
»Arbeitsbuch zu Englisch lernen für Forgeschrittene 1+2«

Deutsche Texte: Vera F. Birkenbihl, Rainer Gerthner
Überarbeitung der Texte: Rainer Gerthner
Dekodierung: Rainer Gerthner
Korrektorat: James Maddox, Jan Klingemann, Paul Bendalow, Rainer Gerthner
Sprecher Einführung: Vanida Karun, Günter Merlau

Umschlagfoto: shutterstock.com
Umschlag + CD-Gestaltung: Beate B. Köhler
Lektorat Einführung: Anke Schenker
Lithografie, Satz und Herstellung: Robert B. Osten
Remastering: Robert B. Osten
CD Duplikation: Klarsicht Verlag

Printed in Germany

5. Auflage
ISBN 978-3-947939-08-4

Besuchen Sie auch unsere Websites:
www.birkenbihl-sprachen.de | www.birkenbihl.tv | www.klarsicht-verlag.de

Klarsicht Verlag · Bramfelder Straße 102A · 22305 Hamburg · Germany · info@klarsicht-verlag.de

Inhaltsverzeichnis

Einführung

Herzlich willkommen! 5

Die 4 Schritte der Birkenbihl-Methode auf einen Blick 5

Schritt 1: Die Bedeutung erfassen 5

Schritt 2: Hören/AKTIV 5

Schritt 3: Hören/PASSIV............. 5

Schritt 4: Praxis! Sprechen – Lesen – Schreiben 5

Die 7 Garanten für Ihren Erfolg beim Sprachenlernen mit der Birkenbihl-Methode............. 6

Sprachenlernen ist leicht – auf die Methode kommt es an! 6

Die vier sprachlichen Grundfertigkeiten . 6

Die vier Schritte der Birkenbihl-Methode 7

Schritt 1: Die Bedeutung erfassen 7

Schritt 2: Hören/AKTIV 8

Schritt 3: Hören/PASSIV............. 8

Schritt 4: Praxis! Sprechen – Lesen – Schreiben 9

Drei Ratschläge für Ihren Erfolg......... 10

1. Persönliche Zielsetzung............. 10
2. Individualisieren Sie Ihre Unterlagen.. 10
3. Nehmen Sie sich Zeit! 10

Arbeitsblätter

Prolog................................ 11

Dekodierte Fassung.................. 12

Englische Fassung 18

Lektion 21: Wohnung (Anfang).......... 20

Dekodierte Fassung.................. 21

Englische Fassung 25

Lektion 22: Wohnung (Ende)............ 27

Dekodierte Fassung.................. 28

Englische Fassung 34

Lektion 23: Freizeit..................... 37

Dekodierte Fassung.................. 38

Englische Fassung 44

Lektion 24: Eine Gedächtnishilfe (Anf.) .. 46

Dekodierte Fassung.................. 47

Englische Fassung 52

Lektion 25: Eine Gedächtnishilfe (Forts.) 55

Dekodierte Fassung.................. 56

Englische Fassung 60

Lektion 26: Eine Gedächtnishilfe (Ende).. 62

Dekodierte Fassung.................. 63

Englische Fassung 67

Lektion 27: Verkehr (Anfang) 69

Dekodierte Fassung.................. 70

Englische Fassung 74

Lektion 28: Verkehr (Ende) 76

Dekodierte Fassung.................. 77

Englische Fassung 80

Lektion 29: War früher wirklich alles besser? (Anfang)................................ 82

Dekodierte Fassung.................. 83

Englische Fassung 86

Lektion 30: War früher wirklich alles besser? (Ende)................................ 88

Dekodierte Fassung.................. 89

Englische Fassung 93

Epilog 95

Dekodierte Fassung.................. 95

Englische Fassung 97

Prolog 98
Dekodierte Fassung 98
Englische Fassung 101

Lektion 31: Schaufensterauslagen 102
Dekodierte Fassung 103
Englische Fassung 107

Lektion 32: „Wenn, wenn, wenn ...“ 109
Dekodierte Fassung 110
Englische Fassung 114

Lektion 33: Unfälle 115
Dekodierte Fassung 116
Englische Fassung 120

Lektion 34: Gute Laune 122
Dekodierte Fassung 123
Englische Fassung 127

Lektion 35: Kochen und Abendessen 129
Dekodierte Fassung 130
Englische Fassung 135

Lektion 36: Was macht ein gutes Team aus? (Anfang) 137
Dekodierte Fassung 138
Englische Fassung 142

Lektion 37: Was macht ein gutes Team aus? (Ende) 144
Dekodierte Fassung 144
Englische Fassung 147

Lektion 38: Männer und Frauen (Anfang) 149
Dekodierte Fassung 150
Englische Fassung 154

Lektion 39: Männer und Frauen (Forts.) .. 156
Dekodierte Fassung 157
Englische Fassung 162

Lektion 40: Männer und Frauen (Ende)... 164
Dekodierte Fassung 165
Englische Fassung 170

Epilog 172
Dekodierte Fassung 172
Englische Fassung 175

Herzlich willkommen!

Sie wollen eine neue Sprache lernen, und zwar so schnell und leicht wie möglich. Mit diesem Sprachkurs werden Sie bei minimalem Lerneinsatz sehr rasch vorankommen, denn er ist nach der Birkenbihl-Methode aufgebaut. Mit ihr werden Sie leichter lernen als je zuvor. Die wichtigste Grundregel lautet nämlich: *Vokabel- und Grammatikpauken verboten!*

Da das Lernen nach der Birkenbihl-Methode von Ihren bisherigen Erfahrungen beim Fremdsprachenlernen sicher sehr stark abweicht, möchten wir Sie bitten: **Nehmen Sie sich einige Minuten Zeit, um diese Einleitung aufmerksam zu lesen.** Später werden Sie ein Vielfaches dieser Zeit einsparen.

Die 4 Schritte der Birkenbihl-Methode auf einen Blick

Schritt 1: Die Bedeutung erfassen

Lesen Sie den deutschen Text aufmerksam durch und versuchen Sie, sich die Handlung bildhaft vorzustellen. *Machen Sie aus dem geschriebenen Text einen fantasievollen Film, der vor Ihrem geistigen Auge abläuft.* Anschließend lesen Sie den deutschen Text der Wort-für-Wort-Übersetzung (= Dekodierung) durch und stellen sich die Handlung so bildhaft wie möglich vor.

Schritt 2: Hören/AKTIV

Aktives Hören bedeutet, dass Sie den geschaffenen Film mit der Fremdsprache verknüpfen. Dazu hören Sie sich die Aufnahme des Textes in langsamer Sprechgeschwindigkeit an und lesen gleichzeitig die Dekodierung mit.

Bei diesem Schritt verbindet Ihr Gehirn den Film mit den fremdsprachigen Worten. Wenn Sie diese Übung einige Male wiederholen, ist es Ihrem Gehirn bald egal, ob es das deutsche oder das fremdsprachige Wort hört.

Schritt 3: Hören/PASSIV

Lassen Sie die CD oder Audiodatei mit dem Text in normaler Sprechgeschwindigkeit leise im Hintergrund laufen, ohne (bewusst) zuzuhören. Bei diesem Schritt lernen Sie gewissermaßen passiv, während Sie Ihrer Arbeit oder Ihren Hobbys nachgehen. Ihr Unterbewusstsein gewöhnt sich nun an die Aussprache und den Klang der Fremdsprache.

Schritt 4: Praxis! Sprechen – Lesen – Schreiben

Trainieren Sie das Sprechen, Lesen und Schreiben in der Fremdsprache. Setzen Sie dabei eigene Schwerpunkte, und bereiten Sie sich gezielt auf bestimmte Situationen vor. Lassen Sie sich von einigen Beispielen inspirieren:

Sprechen: Eine einfache und sehr effektive Methode, das Sprechen zu üben, ist das Mitsprechen im Chor. Schon nach kurzer Zeit ahmen Sie die Aussprache der Sprecher perfekt nach.

Lesen: Üben Sie das Lesen, indem Sie den fremdsprachigen Text lesen. Sie werden sehen, wie gut Sie ihn nun auch ohne die deutsche Dekodierung verstehen.

Schreiben: Schreiben Sie den Text ab, oder üben Sie das klassische Diktat. Lassen Sie sich den Text von der CD oder Audiodatei diktieren. Wählen Sie Ihr Tempo selbst, indem Sie das Abspielen mit der Pausen-Funktion so lange unterbrechen, bis Sie den Text geschrieben haben.

Die 7 Garanten für Ihren Erfolg beim Sprachenlernen mit der Birkenbihl-Methode

1. **Vokabelpauken verboten!** Oder haben Sie Ihre Muttersprache durch Auswendiglernen einzelner, isolierter Wörter gelernt? Na eben!
2. **Sie lernen nur, was Sie lernen wollen,** wobei wir als Minimum das (verstehende) Hören der Fremdsprache voraussetzen.
3. **Sie entscheiden, ob Sie auch das Sprechen, Lesen und/oder Schreiben lernen wollen.** Wer sich vor allem unterhalten will, braucht nur das (verstehende) Hören und Sprechen zu lernen. Wer lesen und/oder schreiben können will, lernt auch das Lesen und/oder Schreiben. Warum sollen alle Lernenden (wie in der Schule) über einen Kamm geschoren werden, wenn jede/r andere Bedürfnisse hat?
4. **Grammatikregeln sind unnötig.** Wenn Sie nicht zu den 3% der Menschen gehören, für die Grammatik ein Genuss ist, dann brauchen Sie sich bei der Birkenbihl-Methode mit keiner einzigen Grammatikregel auseinanderzusetzen. Schließlich haben Sie ja auch Ihre Muttersprache so gut wie Ihre Umwelt gesprochen, ehe Sie (in der Schule) das erste Mal mit Grammatik konfrontiert worden sind!
5. **Sie brauchen keinen Lehrer.** Letztendlich muss man jede Sprache in den eigenen Kopf bekommen. Wenn die Lernmaterialien richtig aufgebaut sind, benötigen Sie keinen Unterricht, der die Lücken im Lehrbuch füllen soll.
6. **Sie brauchen keine Mitschüler!** Denn es hilft Ihnen nichts, wenn Sie die Fehler Ihrer Mitschüler als »Vorbild« zu hören bekommen; sonst ahmen Sie diese nach statt der guten Vorbilder auf den CDs bzw. im Onlinekurs oder in den MP3-Dateien! Denn das Imitieren dessen, was man hört, ist der Schlüssel zum Erfolg – so haben Sie auch Ihre Muttersprache gelernt. Je öfter Sie sich mit den guten Vorbildern dieses Kurses umgeben, desto schneller werden Sie in der Fremdsprache fühlen, denken und (re)agieren können!
7. **Ein Großteil der Lernarbeit wird an das Unterbewusste delegiert.** Nach dem Motto: Wenig aktive Lernzeit investieren, dafür möglichst oft passiv (nebenbei) hören! Diese Phase des passiven Hörens kostet keine Extraminute Ihrer Zeit!

Sprachenlernen ist leicht – auf die Methode kommt es an!

Die meisten Menschen glauben, sie hätten kein Sprachtalent. Sie halten die wenigen Menschen, die auf diesem Gebiet erfolgreich sind, für Ausnahmen. Das stimmt jedoch nur bedingt. Mit der falschen Lernmethode werden nur wenige Super-Begabte lernen können. Aber: *Mit der richtigen Methode können auch Normalbegabte erfolgreich sein!*

Die Birkenbihl-Methode ist deshalb so effektiv, weil sie *gehirn-gerechtes Lernen* ermöglicht. Die vier Lernschritte zielen darauf ab, die *Struktur der Fremdsprache transparent zu machen.* Da das Gelernte schnell und leicht im Unterbewusstsein verankert wird, wird es weit besser behalten und kann bei Bedarf sicher abgerufen werden.

Sie müssen überhaupt nicht glauben, dass es funktioniert! Zweifeln Sie nach Herzenslust, aber machen Sie einen fairen Selbstversuch. Befolgen Sie die einfachen *Spielregeln zum sicheren Sprachlernerfolg* und überzeugen Sie sich selbst. Beweisen Sie sich, dass auch Sie mit Freude erfolgreich Sprachen lernen können. Dabei gewinnen Sie nicht nur Sprachkenntnisse, sondern stärken auch Ihr Selbstwertgefühl, denn jede Verbesserung irgendeiner Fertigkeit bewirkt genau das. Deshalb macht das *Lernen mit diesem Kurs nach der Birkenbihl-Methode wirklich Freude,* wie Sie sehr bald sehen werden.

Die vier sprachlichen Grundfertigkeiten

Wenn wir uns mit Sprache befassen (auch mit unserer Muttersprache), dann gibt es *vier verschiedene Fertigkeiten,* die wir mehr oder weniger gut beherrschen:

- **Hören** (verstehen, begreifen, was jemand sagt),
- **Sprechen,**
- **Lesen** (leise oder laut vorlesen) und
- **Schreiben** (abschreiben, nach Diktat oder frei schreiben).

Merke: Wer in seiner Muttersprache gut verstehen (hören) kann, der kann dies auch in anderen Sprachen lernen. Anders ausgedrückt: *Wer in seiner Muttersprache gut und flüssig sprechen kann, der kann auch lernen, in anderen »Zungen« zu reden!* Aber auch das Gegenteil ist richtig: *Wer in seiner Muttersprache lieber zuhört, als aktiv zu erzählen, der wird in einer anderen Sprache ähnlich reagieren!*

Und wer in seiner Muttersprache ungern (oder schlecht) liest (oder Briefe schreibt), der wird auch ungern in einer anderen Sprache lesen oder schreiben. Trotzdem versuchen die meisten SprachlehrerInnen (die es natürlich gut meinen), ihren jungen oder erwachsenen Lernern alle vier Fertigkeiten in gleichem Umfang beizubringen. Das müssen sie auch, wenn sie mit Gruppen arbeiten.

Aber Sie, liebe Leserin, lieber Leser, Sie können sich Ihren Lernweg selbst aussuchen. Möchten Sie nur hören und verstehen können, um schon bald Fernsehsendungen und Filme in Ihrer Wunschsprache zu verfolgen? Warum sollten Sie sich dann mit dem Schreiben quälen, wenn Ihnen das keinen Spaß macht? Das ist der große Vorteil, den Sie als erwachsener Selbstlerner haben: Sie allein entscheiden, was Sie können wollen. Und das lernen Sie dann mit der Birkenbihl-Methode!

So, nun wissen Sie genug, um zu erfahren, was Sie konkret tun sollen, damit Sie noch heute beginnen können, schnell und leicht die von Ihnen gewählte Sprache zu lernen! Wetten, dass auch Sie sich in Zukunft über Ihre stetigen Erfolgserlebnisse freuen werden?! Auch wenn Sie jetzt noch zweifeln, hoffe ich, dass Sie den Versuch wagen und sagen: »Top, die Wette gilt!«

Die 4 Schritte der Birkenbihl-Methode

Schritt 1: Die Bedeutung erfassen

Lesen Sie den deutschen Text aufmerksam durch und versuchen Sie, sich die Handlung bildhaft vorzustellen. Fragen Sie sich: Worum geht es in diesem Text? *Diese Übung soll aus dem geschriebenen Text einen fantasievollen Film machen,* der vor Ihrem geistigen Auge abläuft. Je lebendiger Sie sich die Handlung vorstellen, desto leichter wird Ihnen (in Schritt 2) das Verstehen der fremden Sprache fallen.

Nachdem Sie den deutschen Text visualisiert haben, nehmen Sie sich den Text in der deutschen Dekodierung mit einem Farbstift vor: Lesen Sie die Dekodierung langsam durch, und stellen Sie sich das Gelesene wieder bildlich vor. Sorgen Sie dafür, dass Sie wirklich verstehen, worum es geht, was passiert, wer zu wem spricht etc.

Den deutschen Text sowie die Dekodierung finden Sie auf den Arbeitsblättern ab Seite 11, die auch als PDF-Datei diesem Kurs beigefügt sind. Diese Arbeitsblätter sind absichtlich in schwarzweiß gehalten, damit Sie sie mit farbigen Stiften bearbeiten können.

Diese wortwörtliche Übersetzung kann teilweise sehr amüsant wirken. Lassen Sie sich spielerisch und mit Neugierde auf diese Erfahrung ein. So wird der fremdsprachige Text vom ersten Wort an transparent.

Wenn Sie noch keine Vorkenntnisse haben, dann lesen Sie zu diesem Zeitpunkt bitte ausschließlich den deutschen Text der Dekodierung! Kümmern Sie sich überhaupt noch nicht um die Wörter der Fremdsprache. Malen Sie das Deutsche mit einem farbigen Stift an, damit Ihre Augen dieser »Spur« leicht folgen können.

Haben Sie hingegen bereits Vorkenntnisse, dann lesen Sie den fremdsprachigen Text langsam, aber nur solange Sie jedes Wort sofort und sicher deuten können. Sie wollen ganz genau verstehen, was der Text Ihnen vermitteln möchte! Wann immer Sie auf ein Wort treffen, das Ihnen nicht sofort klar ist, dann gilt: Malen Sie die deutsche Dekodierung unter diesem Wort an. So werden Ihre Augen später an dieser Stelle automatisch das farbig markierte deutsche Wort erfassen!

Eine Besonderheit, die den *Lernerfolg fördert,* besteht darin, dass Sie sich bei der Birkenbihl-Methode immer nur auf *einen einzigen Aspekt* konzentrieren. In Schritt 1 geht es daher nur um das Verständnis. In manchen Kursen wird zwar bereits eine Übersetzung angeboten, aber wiewohl eine sogenannte »gute Übersetzung« bereits förderlich ist, ist die Dekodierung noch hilfreicher, denn dadurch erschließt sich Ihnen die Struktur der Fremdsprache vom ersten Satz an.

Ist der dekodierte Text dem »guten Deutsch« sehr ähnlich, dann ist diese Art von Satz für uns leicht zu lernen. Weicht das »Pseudo-Deutsch« hingegen vom »guten Deutsch« ab, so registrieren Sie dies unbewusst und können sich diese Struktur genauso leicht unbewusst einprägen, wie Sie einst die typischen Strukturen Ihrer Muttersprache gelernt haben.

Beim Lesen der Wort-für-Wort-Übersetzung darf gelacht werden! »Pseudo-Deutsch« kann sehr erheiternd wirken, da ja die fremdsprachige Satzkonstruktion der deutschen nicht immer entspricht. Allerdings sollte uns klar sein, dass gerade jene »witzigen« Satzstrukturen für nicht-deutschsprachige Menschen, die Deutsch lernen, sehr schwierig sind, weil unsere sprachliche Form ihnen genauso komisch erscheint. Das vergessen wir oft, wenn uns die »fremde« Formulierung eigenartig anmutet.

Schritt 2: Hören/AKTIV

In dieser Phase arbeiten Sie mit dem *dekodierten Text* und der *langsamen fremdsprachigen Version.*

Aktives Hören bedeutet, dass Sie die in Schritt 1 gemachten Bilder mit den fremdsprachigen Wörtern verknüpfen. *In diesem Moment verbindet Ihr Gehirn Ihr Bild mit dem entsprechenden Wort der Fremdsprache.* Wenn Sie diese Übung einige Male wiederholen, ist es Ihrem Gehirn bald egal, ob es das deutsche oder fremdsprachige Wort hört. Es wird Ihnen in beiden Fällen das gleiche Bild anbieten. Mit anderen Worten: Sie verstehen den Text nun auch in der von Ihnen gewählten Fremdsprache. Ganz nebenbei haben Sie in dem Moment des Verstehens die fremdsprachige *Sprachstruktur* mitgelernt.

Wenn Sie EinsteigerIn sind, hören Sie jetzt Satz für Satz und lesen Sie dabei die deutsche Dekodierung mit. Satz für Satz bedeutet im Klartext, dass Sie zunächst wirklich nach jedem Satz die Pause-Funktion Ihres Abspielgeräts betätigen. Dies gibt Ihnen genügend Zeit, sowohl den fremdsprachigen Klang auf sich wirken zu lassen, als auch die Bedeutung zu registrieren!

Wenn Sie Vorkenntnisse haben, können Sie gleich den fremdsprachigen Text mitlesen, wobei Sie neue fremdsprachige Wörter überspringen, weil Sie an deren Stelle die deutschen Wörter lesen, die Sie bei Schritt 1 farbig markiert haben.

Sie erinnern sich, dass Sie mit der Birkenbihl-Methode jeweils nur einen einzigen Aspekt trainieren. In Schritt 1 war dies das Verstehen des Textes. In *Schritt 2* binden Sie dieses Verständnis an den *Klang der fremdsprachigen Wörter.* Das ist enorm wichtig! Deshalb müssen Sie Schritt 2 langsam durchlaufen! Bedenken Sie bitte, dass Sie insgesamt enorm viel Zeit sparen, weil Sie anders vorgehen als früher. Da musste man zuerst Vokabeln büffeln und den Text mühselig entziffern. All das fällt jetzt weg! Deshalb können Sie sich beim Hören/AKTIV wirklich Zeit lassen: *Je gründlicher Sie diesen Schritt durchlaufen, desto mehr Zeit werden Sie später einsparen!*

Auf diese Weise gehen Sie den Text abschnittsweise (ganz langsam und gemütlich) so lange durch, bis Sie den dekodierten Text nicht mehr brauchen. Sie können jetzt jeden Satz dieses Abschnittes (ohne Benutzung der Pause-Funktion) verstehen, ohne den deutschen Text mitzulesen.

Am Ende von Schritt 2 ist es für Ihr Gehirn vollkommen egal, ob Sie diesen Text in der Fremdsprache oder in Ihrer Muttersprache hören, weil Sie ihn auf jeden Fall hervorragend verstehen werden!

Wenn Sie anfangen, sich mit der langsamen Sprechgeschwindigkeit zu langweilen, ist der Moment gekommen, auf die normale Sprechgeschwindigkeit umzusteigen.

Schritt 3: Hören/PASSIV

In diesem Schritt lernen Sie nicht bewusst, sondern mit dem *Unterbewusstsein,* während Sie Ihrer Arbeit oder Ihren Hobbys nachgehen. Ihr Unterbewusstsein gewöhnt sich nun an die Aussprache und den Klang der fremden Sprache.

Gleichzeitig lernen Sie auch die Satzstruktur, die Sie durch die Dekodierung bereits registriert haben und die sich bei jeder weiteren passiven Wiederholung tiefer ins Unterbewusstsein einschleift! *Das geht kinderleicht, da Sie bei jedem Passivhören quasi einen Mini-Aufenthalt im Zielland erleben.* Einen Mini-Aufenthalt, der Sie keine Extraminute Ihrer wertvollen Zeit (und kein Geld) kostet.

Ich weiß, dass viele Menschen die Idee des passiven Lernens zunächst ablehnen, weil der sogenannte gesunde Menschenverstand (d. h. unsere »Programmierung« aus der Kindheit) dagegenspricht. Bitte bedenken Sie jedoch, ehe Sie diesen Schritt vielleicht ablehnen: *Passives Lernen kostet keine einzige Minute Ihrer wertvollen Zeit!* Passives Hören läuft »völlig nebenbei« ab! So sehen Sie sich z. B. einen spannenden Krimi im Fernsehen an und lassen gleichzeitig leise Ihren Sprachentext im Hintergrund laufen. Je mehr Sie sich auf den Film konzentrieren, desto besser! Oder Sie lassen die Audio-Datei leise laufen, während Sie Musik hören und/oder lesen. Es kostet Sie ja keine Zeit, das Experiment zu wagen, oder?!

Passives Hören kann allerdings nur funktionieren, wenn wir nicht alle zwei Minuten die Wiedergabe neu starten müssen. Daher empfehlen wir Ihnen, eine automatische Wiederholung zu programmieren. Wichtig ist, dass Sie sich in Schritt 2 *genug Zeit* gelassen haben, sodass Sie jetzt wirklich alles mühelos verstehen können.

Beachten Sie, dass die verschiedenen Arbeitsschritte parallel durchgeführt werden: Während Sie einen speziellen Textabschnitt (tagelang, so oft wie möglich) passiv hören, beginnen Sie natürlich bereits mit den nächsten Textabschnitten (Schritt 1 und Schritt 2)!

Wenn Ihnen später Schritt 4 schwierig erscheint, liegt es nicht etwa daran, dass er schwierig ist, *sondern dass Sie zu früh mit Schritt 4 begonnen haben.* In diesem Fall heißt es: diesen Textabschnitt weiterhin passiv hören.

Genau hierin liegt ein wesentlicher Unterschied zum klassischen Sprachenlernen. Dabei geht man nämlich davon aus, dass alle Lernvorgänge in etwa gleich lang dauern, aber das ist nicht so. So kann Frau Peters z. B. 10 Minuten für Schritt 1 benötigen, während sie für Schritt 2 eine Stunde braucht (weil sie noch ganz am Anfang steht).

Es ist möglich, dass sie erst in drei Wochen die ersten Sprech-Aktivitäten mit diesem Textabschnitt beginnt, während sie mit späteren Lektionsabschnitten bereits die Schritte 1 und 2 durchlaufen hat und nun auch diese Abschnitte passiv (Schritt 3) zu hören beginnt. Und es kann sein, dass Frau Peters zu einem bestimmten Zeitpunkt die ersten beiden Lektionen voll beherrscht (Sprechen, Lesen und/oder Schreiben) und mit Schritt 4 gerade bei der dritten Lektion beginnt, während sie mit dem aktiven Hören (Schritt 2) bereits bis zur letzten Lektion vorgedrungen ist.

Es gibt sehr viele Gelegenheiten, bei denen Sie passiv hören können: z. B. beim Spazierengehen, Lesen, Fernsehen, während Sie Ihrem Hobby oder Ihrer Arbeit nachgehen.

Schritt 4: Praxis!
Sprechen – Lesen – Schreiben

Jetzt kennen Sie den Text (fast) auswendig, daher können Sie nun gezielt Lern-Aktivitäten mit großem Erfolg planen und durchführen. Dieser Lernschritt beinhaltet sehr viele Möglichkeiten, diesen Kurs nach Ihren speziellen Wünschen zu gestalten. Neben den hier vorgestellten finden Sie eine Vielzahl in meinem Buch »Sprachenlernen leichtgemacht«, das ebenfalls im Klarsicht Verlag erschienen ist (ISBN 978-3-98584-202-5).

Die Fremdsprache sprechen lernen

Es ist viel leichter, als Sie vielleicht befürchten. Wer in der Schule Probleme mit dem Sprechen einer Fremdsprache hatte, der erinnere sich: Wir mussten immer viel zu früh sprechen! Beim Vokabellernen sollten wir die Wörter zumindest halblaut murmeln, d. h. zu einem Zeitpunkt, als wir noch gar nicht wussten, wie sie klingen würden (es fehlten die Schritte 2 und 3)! Und im Unterricht sollten wir Sätze sagen, deren Sinn wir noch gar nicht begriffen hatten (es fehlten die Schritte 1 und 2)!

Allerdings gab es einmal eine hervorragende Technik, das Sprechen zu lernen, nämlich das gemeinsame *Sprechen im Chor* mit der Klasse. Wer eine Sprache auf diese Weise gelernt hat, der kann noch zwanzig Jahre danach ganze Passagen rezitieren und weiß auch genau, was er da erzählt. Leider wurde diese Technik in den meisten Schulen abgeschafft!

Aber dank der modernen Technik können Sie mit Ihrer CD (oder Ihrem Audio-Player im Computer, Smartphone oder Tablet) im Chor sprechen, wann immer, wo immer und wie oft Sie wollen. Das geht so: Zuerst drehen Sie die Lautstärke relativ stark auf, während Sie ziemlich leise mitsprechen. Nach einer Weile können Sie den Ton Ihrer Vorbilder immer leiser drehen, weil Sie jetzt lauter und mit mehr Selbstvertrauen sprechen.

Nach einigem Training ist der Ton der CD/des Players fast nicht mehr zu hören. Genauso wie Sie das dekodierte »Pseudo-Deutsch« nur vorübergehend als »Krücke« benutzen, brauchen Sie den Originalton nun lediglich als Stütze.

Und so sollte Lernen auch vonstatten gehen: Als Kind sind Sie auf allen Vieren gekrochen, ehe Sie laufen konnten. Aber als Sie sich dann aufgerichtet haben, konnten Sie sehr schnell ohne Stütze gehen und bald auch laufen, springen, Rollschuhfahren und vieles mehr!

Wenn Sie einen Text auf diese Weise durch die vier Schritte »gezogen haben«, dann heißt das: Alles, was die Personen in den Lektionen sagen oder denken, können Sie hinterher mit derselben Sicherheit sagen oder (laut bzw. leise) denken! Und Ihre Aussprache klingt nicht »typisch deutsch«, sondern (fast) wie die eines Einheimischen. Man muss es erprobt haben, um zu erleben, wie leicht es geht!

Wer einen Text mit der Chor-Methode trainiert, wird später – im »richtigen« Leben – in vergleichbaren Situationen mit ganzen Sätzen aus der Lektion reagieren, und zwar automatisch! Darüber muss man nicht nachdenken, es »passiert« einfach. Wenn es das erste Mal geschieht, ist man meistens selbst völlig verblüfft und fragt: »Habe ich das gesagt?« Ja, das haben Sie gesagt, denn durch das Lernen Schritt für Schritt nach der Birkenbihl-Methode haben sich die Grundstrukturen und Satzmuster der Fremdsprache in Ihr Unterbewusstsein eingeschliffen.

In einer konkreten Situation in den Ländern, in denen die von Ihnen gewählte Sprache gesprochen wird, werden diese Muster aktiviert; wenn Sie nun sprechen, wiederholen Sie nicht nur die Ihnen bekannten Sätze aus dem Buch, sondern Sie sind automatisch in der Lage, innerhalb der Ihnen vertrauten Muster einzelne Elemente nach Bedarf spontan zu variieren, also Ihre »eigenen« Sätze zu bilden. Das muss so laufen, weil Sie durch die Birkenbihl-Methode gewissermaßen in die neue Sprache »eintauchen«, d.h., Sie lernen, diese zu denken!

Die Fremdsprache lesen lernen

Wenn Sie lesen lernen wollen, dann können Sie sich jetzt mit dem fremdsprachigen Text beschäftigen. Beginnen Sie dabei mit der Dekodierung. Diesmal markieren Sie jedoch mit einem Stift anderer Farbe den Originaltext, damit Ihre Augen diesem gut folgen können, während Sie den Text wieder bewusst hören und dabei Wort für Wort mitlesen.

Aktivieren Sie die *Pause-Funktion*, sooft Sie wollen. Lassen Sie sich Zeit! Fahren Sie in dieser Weise fort, bis Sie den Text lesen können, ohne zwischendurch auf die Dekodierung zu schielen.

Die Fremdsprache schreiben lernen

Wenn Sie schreiben lernen wollen, dann gibt es viele Möglichkeiten zu üben, z.B. schreiben Sie Textpassagen aus dem Lehrbuch ab, die Ihnen gefallen oder die Wörter enthalten, die Sie besonders interessieren. Oder Sie kopieren einige Textabschnitte aus dem Originalbuch; dann übermalen Sie einige Wörter mit Tipp-Ex. Nun können Sie testen, ob Sie beim Abschreiben die fehlenden Wörter auswendig wissen und ergänzen können.

Sie können natürlich auch die langsame Version verwenden, um nach Diktat zu schreiben. Arbeiten Sie auch hier wieder mit der Pause-Funktion, sooft Sie wollen, bis Sie einen Satz in Ruhe geschrieben haben.

Das waren einige erste Anregungen. Beweisen Sie sich, dass auch Sie leicht und mit Faszination Fremdsprachen lernen können. Sie erinnern sich an unsere Wette? *Ich wette, dass es Ihnen viel Freude machen wird!*

Drei Ratschläge für Ihren Erfolg

1. Persönliche Zielsetzung

Wenn Sie genau wissen, warum Sie die von Ihnen gewählte Sprache sprechen wollen und es sich auch in vielen Einzelheiten bildlich vorstellen können (z.B. wie Sie mit Ihrem Wohnmobil durch das entsprechende Land fahren und sich mit »Einheimischen« fließend unterhalten können), dann »schaltet« Ihr Gehirn bei allen Informationen, die mit dieser Zielrichtung zu tun haben, automatisch auf Empfang. Das heißt für die Praxis, dass Sie mit einem klaren Ziel vor Augen viel aufmerksamer und damit erfolgreicher lernen werden. Denn das beste Werkzeug ist für Sie nur dann von Nutzen, wenn Sie eine klare Vorstellung haben, wofür Sie es verwenden wollen.

2. Individualisieren Sie Ihre Unterlagen

Nehmen Sie Farbstifte und machen Sie diesen Kurs zu Ihrem Kurs. Unterstreichen oder umkreisen Sie, was Ihnen besonders wichtig ist oder was Ihnen besonders merkwürdig erscheint. Tun Sie dies insbesondere bei der Wort-für-Wort-Übersetzung. Je bunter, desto besser, denn Farben unterstützen Ihre kreative Seite.

3. Nehmen Sie sich Zeit!

Gehen Sie langsam durch die vier Schritte der Birkenbihl-Methode, denn dann werden Sie langfristig ca. drei Viertel der normal zu veranschlagenden Lern-Zeit einsparen können! Dazu eine kleine Geschichte:

> Till Eulenspiegel saß am Wegesrand, als eine Kutsche mit vier Pferden aus der Entfernung heranraste. Als sie vor ihm hielt, schrie der Kutscher: »Wie weit ist es noch zur Stadt?« Eulenspiegel antwortete: »Wenn Ihr langsam fahrt, werdet Ihr in zehn Minuten dort ankommen. Rast Ihr hingegen, wird es Stunden dauern.« Darauf der Kutscher: »Idiot!« Er drosch auf die Pferde ein und preschte davon. Eulenspiegel begann langsam in Richtung Stadt zu wandern. Als er eine halbe Stunde gegangen war, begegnete er dem Kutscher, dessen Kutsche im Graben lag. »Was ist passiert?«, fragte Eulenspiegel. »Achsenbruch«, antwortete der Kutscher. »Ich sagte es Euch ja«, erklärte der Schelm schmunzelnd: »Wenn Ihr es langsam angeht, kommt Ihr weit schneller voran, als wenn Ihr meint, besonders schnell vorgehen zu müssen!«

Prolog

3P|01 M:[1] Hallo und willkommen zu Teil Eins unseres Kurses „Englisch für fortgeschrittene Lerner"!

3P|02 J: Wir gratulieren Ihnen zu Ihrer Entscheidung, Ihre Reise durch die englische Sprache mit uns fortzusetzen.

3P|03 M: Egal, wo Sie Ihre Grundkenntnisse des Englischen erworben haben …

3P|04 J: … ob Sie uns durch die Kurse „Englisch für Einsteiger, Teile Eins und Zwei" begleitet haben …

3P|05 M: … ob Sie an der Schule zwangsweise an Sprachunterricht teilgenommen haben …

3P|06 J: … oder ob Sie – höchstwahrscheinlich sogar freiwillig – an einer Sprachschule, einer Universität oder in einem Erwachsenenbildungszentrum Sprachkurse besucht haben …

3P|07 M: … mit diesem Kurs liegen Sie richtig!

3P|08 J: Wir werden tief – und dennoch spielerisch – in verschiedene Themen eintauchen.

3P|09 M: Und mit „spielerisch" meint Jane „auf gehirn-gerechte Art".

3P|10 J: Genau, und mit „gehirn-gerecht" meinen wir: Es entspricht der Art, wie das Gehirn arbeitet; also fällt es leicht, es macht Spaß, und wir haben Erfolgserlebnisse, die uns motivieren weiterzumachen.

3P|11 M: Wenn wir auf gehirn-gerechte Art vorgehen, fällt Lernen leicht, und was leichtfällt, macht Spaß. Alles klar?

3P|12 J: Mike und ich werden über eine Menge Dinge reden. Sie hören einfach zu, durchlaufen die aktiven Wiederholungen, bis Sie alles verstehen, und reichen die Lernarbeit dann an Ihr Unterbewusstsein weiter, indem Sie so viel wie möglich passiv, also ohne Aufwand, hören.

3P|13 M: Auf diese Art setzen Sie sich häufig der Fremdsprache aus, genau wie Sie als Kind Ihrer Muttersprache ausgesetzt waren.

3P|14 J: Sie lernen die Fremdsprache eher so, wie sie als Kind Ihre eigene Sprache gelernt haben, wobei Ihr Unterbewusstsein Ihnen das meiste der eigentlichen Lernarbeit abnimmt.

3P|15 M: Und erst wenn Ihnen alles bekannt und vertraut ist, beginnen Sie mit den aktiven Trainingseinheiten wie Sprechen, Lesen oder Schreiben, abhängig davon, wo Ihre Prioritäten liegen …

3P|16 J: Weil Sie jetzt die Grundlage, das Verstehen im Sinne von Begreifen, durch aktives und passives Hören erworben haben, und zwar weitgehend ohne Aufwand, also ohne Zeit zu verlieren!

3P|17 M: Angenommen, Sie wollen einfach verstehen – zum Beispiel um Satellitenfernsehen zu schauen – dann sind die aktiven und passiven Zuhörphasen ausreichend.

3P|18 J: Aber die meisten Menschen wollen auch sprechen, um sich zu unterhalten. Zu diesem Zweck ist die aktive Übung des „Chorsprechens" zu empfehlen …

3P|19 M: … das heißt, Sie sprechen mit den Sprechern auf der CD oder Kassette im Chor.

3P|20 J: Aber erst, wenn Sie mit dem konkreten Lernstoff wirklich vertraut sind.

3P|21 M: Je mehr Zeit Sie anfangs mit aktivem und passivem Hören verbringen, desto mehr Zeit sparen Sie später, wenn Sie mit dem aktiven Training anfangen.

3P|22 J: Wie Sie sehen, ist es wirklich leicht. Falls die Birkenbihl-Methode für Sie neu ist, lesen Sie bitte unbedingt die Gebrauchsanweisung zu diesem Kurs.

---

1 Um Ihnen die Orientierung zu erleichtern, sind einander entsprechende Absätze im deutschen Text, in der dekodierten Fassung und in der englischen Fassung jeweils mit gleichen Nummern versehen. Auf jede Nummer folgt der abgekürzte Name des/der jeweils Sprechenden („J" für Jane und „M" für Mike).

3P|23 M: Sonst sind Sie wie ein Ferrari-Besitzer, der nur im ersten oder zweiten Gang fährt.

3P|24 J: Ihr Gehirn ist brillant – wenn Sie es richtig nutzen.

3P|25 M: Dass Sie das können, haben Sie dadurch bewiesen, dass Sie Ihre Muttersprache gelernt haben, oder nicht?

3P|26 J: In diesem Kurs reden wir über alle möglichen Dinge …

3P|27 M: … darüber, eine Wohnung zu möblieren …

3P|28 J: … über Freizeitaktivitäten …

3P|29 M: … und darüber, wie Sie Ihr Gedächtnis verbessern können!

3P|30 J: Konzentrieren Sie sich besonders auf jene Lektionen, deren Thema für Sie persönlich von speziellem Interesse ist.

3P|31 M: Dies kann eine ganze Lektion sein …

3P|32 J: … oder nur ein Teil einer Lektion!

3P|33 M: Auf diese Art schaffen Sie die Grundlage dafür, dass Sie sich später besonders leicht zu Themen, die Sie interessieren, ausdrücken können.

3P|34 J: Gleichzeitig verbessern Sie Ihre Fähigkeit zu verstehen, das heißt, Sie begreifen immer besser und schneller, was Ihnen andere Menschen sagen wollen.

3P|35 M: Wie gesagt, es wird Ihnen Spaß machen, Ihnen jede Menge Erfolgserlebnisse verschaffen und Sie motivieren, am Ball zu bleiben.

3P|36 J: Jede Viertelstunde aktive Lernzeit wird Sie also Ihrem Ziel näherbringen – erstens, gut zu verstehen …

3P|37 M: … zweitens, über alles in der Sprache Ihrer Wahl reden zu können …

3P|38 J: … und drittens und viertens, in dieser Sprache zu lesen und zu schreiben – falls Sie auch das lernen wollen.

3P|39 M: Wie Sie wissen, lernen Sie nur, was Sie später wirklich beherrschen wollen.

3P|40 J: Für die meisten Menschen bedeutet dies vor allem Verstehen und Sprechen – Alltagskommunikation.

3P|41 M: Fangen wir an. Kommen Sie mit mir, wenn ich Jane einen Überraschungsbesuch abstatte …

Dekodierte Fassung

Prolog
Prolog

3P|01 M: Hello and welcome to Part One of our course "English for
Hallo und willkommen zu Teil Eins von unserem Kurs „Englisch für

Advanced Learners"!
fortgeschrittene Lerner"!

3P|02 J: We congratulate you[2] on your decision to continue your journey
Wir gratulieren Ihnen auf Ihre Entscheidung zu fortsetzen Ihre Reise

2 Das englische „you" entspricht sowohl dem deutschen „du" und dem deutschen „ihr" wie auch der höflichen deutschen Anrede „Sie". Um Sie darauf aufmerksam zu machen, dass es im Englischen nur eine einzige Form der Anrede gibt, haben wir in der Dekodierung an den meisten Stellen das „Sie" gewählt. Zudem entspricht das englische „you" auch oft dem deutschen „man".

through the English language with us.
durch die englische Sprache mit uns.

3P|03 M: No matter where you acquired your basic knowledge of English …
Egal wo Sie erwarben Ihre Grund‿ Kenntnis von Englisch …

3P|04 J: … whether you accompanied us through the courses "English for
… ob Sie begleiteten uns durch die Kurse „Englisch für

Beginners, Parts One and Two" …
Einsteiger, Teile Eins und Zwei" …

3P|05 M: … were compelled to take part in language lessons at
… waren gezwungen zu nehmen Teil in Sprach‿ Unterrichtsstunden an

school …
der Schule …

3P|06 J: … or – most probably of your own free will –
… oder – höchstwahrscheinlich von Ihrem eigenen freien Willen –

have attended language courses at a language school,
haben besucht Sprach‿ Kurse an einer Sprach‿ Schule, einer

college or adult education centre …
Universität oder einem Erwachsenen‿ Bildungs‿ Zentrum …

3P|07 M: … you're on the right lines with this course!
… Sie_sind auf den richtigen Linien mit diesem Kurs!

3P|08 J: We shall be dipping more deeply – though playfully – into
Wir werden sein eintauchend mehr tief – dennoch spielerisch – in

various subjects.
verschiedene Themen.

3P|09 M: And by "playfully", Jane means "in a brain-friendly way".
Und mit „spielerisch", Jane meint „in einer gehirn-gerechten Art".

3P|10 J: Exactly, and by "brain-friendly" we mean: it corresponds to the
Genau, und mit „gehirn-gerecht" wir meinen: es entspricht zu der

way the brain works, so it seems easy, it's fun and
Art, wie das Gehirn arbeitet, also es scheint leicht, es_ist Spaß und

we have successful experiences that motivate us to carry on.
wir haben erfolgreiche Erlebnisse die motivieren uns zu weitermachen.

3P|11 M: If we proceed in a brain-friendly way, learning seems
Wenn wir vorgehen in einer gehirn-gerechten Art, Lernen scheint

easy and what seems easy is fun. Alright?
leicht und was scheint leicht ist Spaß. Alles_klar?

3P|12 J: Mike and I are going to talk about a lot of things.
Mike und ich sind gehend zu reden[3] über eine Menge von Dingen.

You simply listen, run through the active repetitions till
Sie einfach zuhören, laufen durch die aktiven Wiederholungen bis

you understand everything and then pass the learning work on
Sie verstehen alles und dann reichen die Lern‿ Arbeit weiter

to your subconscious by listening to as much as possible
zu Ihrem Unterbewusstsein da‿ durch, zuzuhören so viel wie möglich

passively, without effort.
passiv, ohne Aufwand.

3P|13 M: In this way you expose yourself frequently to the foreign
In dieser Art Sie aussetzen sich_selbst häufig zu der Fremd‿

language, just as you were exposed to your mother tongue
Sprache, genau wie Sie waren ausgesetzt zu Ihrer Mutter‿ Sprache

as a child.
als ein Kind.

3P|14 J: You learn the foreign language rather like you learned your own
Sie lernen die Fremd‿ Sprache eher so wie Sie lernten Ihre eigene

language as a child, whereby your subconscious mind relieves you
Sprache als ein Kind, wobei Ihr Unterbewusstsein abnimmt Ihnen

of most of the actual learning work.
von dem meisten von der eigentlichen Lern‿ Arbeit.

3P|15 M: And only when you know and are familiar with everything do you
Und erst wenn Sie kennen und sind vertraut mit allem tun Sie

begin with the active training units such as speaking,
beginnen mit den aktiven Trainings‿ Einheiten solche wie Sprechen,

reading or writing, depending on where your priorities lie …
Lesen oder Schreiben, abhängig dar‿ auf, wo Ihre Prioritäten liegen …

3P|16 J: Because you have now acquired the basis, understanding in
Weil Sie haben jetzt erworben die Grundlage, das Verstehen in

---

3 Anstatt „ich werde reden“, „du wirst lesen“ u.ä. sagt man im Englischen auch „ich bin gehend zu reden“, „du bist gehend zu lesen“ usw.

the sense of comprehension, through active and passive listening,
dem Sinne von Begreifen, durch aktives und passives Zuhören,

and largely without effort, so without losing time!
und weitgehend ohne Aufwand, also ohne zu verlieren Zeit!

3P|17 M: Assuming you simply wish to understand – so as to
Angenommen Sie einfach wünschen zu verstehen – so wie zu

watch satellite television, for example – the active and
anschauen Satelliten‿ Fernsehen, für Beispiel – die aktiven und

passive listening phases are sufficient.
passiven Zuhör‿ Phasen sind ausreichend.

3P|18 J: But most people want to speak as well, in
Aber die meisten Menschen wünschen zu sprechen auch, in der

order to converse. For this purpose, the active exercise of
Absicht zu unterhalten sich. Für diesen Zweck, die aktive Übung von

"Choral speaking" is recommended …
„Chor‿ Sprechen" ist empfohlen …

3P|19 M: … that is, you speak in chorus with the speakers on the
… das_heißt, Sie sprechen in dem Chor mit den Sprechern auf der

CD or cassette.
CD oder Kassette.

3P|20 J: But only when you're really familiar with the specific learning
Aber erst wenn Sie_sind wirklich vertraut mit dem konkreten Lern‿

material.
Stoff.

3P|21 M: The more time you spend initially on active and passive
Je mehr Zeit Sie verbringen anfangs auf aktives und passives

listening, the more time you save later on when you start on
Zuhören, desto mehr Zeit Sie sparen später wenn Sie anfangen auf

the active training.
das aktive Training.

3P|22 J: As you see, it's really easy. If the Birkenbihl Method
Wie Sie sehen, es_ist wirklich leicht. Falls die Birkenbihl-‿ Methode

is new to you, please be sure to read the
ist neu zu Ihnen, bitte seien Sie sicher zu lesen die

Instructions for Use on this course.
Gebrauchsanweisung auf diesen Kurs.

3P|23 M: Otherwise you'll be like a Ferrari owner who only drives in
Sonst Sie_werden sein wie ein Ferrari-‿ Besitzer der nur fährt in

first or second gear.
dem ersten oder zweiten Gang.

3P|24 J: Your brain is brilliant – when you use it properly.
Ihr Gehirn ist brillant – wenn Sie nutzen es richtig.

3P|25 M: You proved you can do this by learning your
Sie bewiesen, dass Sie können tun dies da‿ durch, zu lernen Ihre

mother tongue, didn't you?
Mutter‿ Sprache, taten_nicht Sie?

3P|26 J: In this course we talk about all sorts of things …
In diesem Kurs wir reden über alle Arten von Dingen …

3P|27 M: … about furnishing a flat …
… dar‿ über, zu möblieren eine Wohnung …

3P|28 J: … about leisure activities …
… über Freizeit‿ Aktivitäten …

3P|29 M: … and about how you can improve your memory!
… und dar‿ über, wie Sie können verbessern Ihr Gedächtnis!

3P|30 J: Concentrate particularly on those lessons where the subject
Konzentrieren Sie sich besonders auf jene Lektionen wo das Thema

is of special interest to you personally.
ist von speziellem Interesse zu Ihnen persönlich.

3P|31 M: This can be an entire lesson …
Dies kann sein eine ganze Lektion …

3P|32 J: … or just part of a lesson.
… oder nur ein Teil von einer Lektion.

3P|33 M: In this way you create the basis for later being
In dieser Art Sie schaffen die Grundlage da‿ für, später zu sein

able to express yourself especially easily about the subjects that
fähig zu ausdrücken sich_selbst besonders leicht über die Themen die

interest you.
interessieren Sie.

3P|34 J: At the same time you improve your ability to understand,
Zu der‿ selben Zeit Sie verbessern Ihre Fähigkeit zu verstehen,

that is you keep on comprehending better and faster what
das_heißt Sie beibehalten zu begreifen besser und schneller was

other people wish to say to you.
andere Menschen wünschen zu sagen zu Ihnen.

3P|35 M: As we said, it will be fun for you, provide you with
Wie wir sagten, es wird sein Spaß für Sie, versorgen Sie mit

a great many successful experiences and motivate you to stay on
jeder_Menge erfolgreichen Erlebnissen und motivieren Sie zu bleiben an

the ball.
dem Ball.

3P|36 J: Every quarter of an hour of active learning time will thus
Jedes Viertel von einer Stunde von aktiver Lern‿ Zeit wird also

bring you closer to your goal – firstly of understanding well …
bringen Sie näher zu Ihrem Ziel – erstens da‿ von, zu verstehen gut …

3P|37 M: … secondly, of being able to talk about everything in the
… zweitens, da‿ von, zu sein fähig zu reden über alles in der

language of your choice …
Sprache von Ihrer Wahl …

3P|38 J: … and thirdly and fourthly, of reading and writing in
… und drittens und viertens, da‿ von, zu lesen und schreiben in

this language – if you want to learn that too.
dieser Sprache – falls Sie wünschen zu lernen das auch.

3P|39 M: As you know, you just learn what you really want to
Wie Sie wissen, Sie nur lernen was Sie wirklich wünschen zu

master later on.
beherrschen später.

3P|40 J: For most people this means above all understanding and
Für die meisten Menschen dies bedeutet vor_allem Verstehen und

speaking – everyday communication.
Sprechen – Alltags‿ Kommunikation.

3P|41 M: Let's begin. Come with me as I pay a
Lassen_Sie_uns anfangen. Kommen Sie mit mir wenn ich zolle einen

surprise	visit	to	Jane	…
Überraschungs‿	**Besuch**	**zu**	**Jane**	**…**

Englische Fassung

Prologue

3P|01 M: Hello and welcome to Part One of our course "English for Advanced Learners"!

3P|02 J: We congratulate you on your decision to continue your journey through the English language with us.

3P|03 M: No matter where you acquired your basic knowledge of English …

3P|04 J: … whether you accompanied us through the courses "English for Beginners, Parts One and Two" …

3P|05 M: … were compelled to take part in language lessons at school …

3P|06 J: … or – most probably of your own free will – have attended language courses at a language school, college or adult education centre …

3P|07 M: … you're on the right lines with this course!

3P|08 J: We shall be dipping more deeply – though playfully – into various subjects.

3P|09 M: And by "playfully", Jane means "in a brain-friendly way".

3P|10 J: Exactly, and by "brain-friendly" we mean: it corresponds to the way the brain works, so it seems easy, it's fun and we have successful experiences that motivate us to carry on.

3P|11 M: If we proceed in a brain-friendly way, learning seems easy and what seems easy is fun. Alright?

3P|12 J: Mike and I are going to talk about a lot of things. You simply listen, run through the active repetitions till you understand everything and then pass the learning work on to your subconscious by listening to as much as possible passively, without effort.

3P|13 M: In this way you expose yourself frequently to the foreign language, just as you were exposed to your mother tongue as a child.

3P|14 J: You learn the foreign language rather like you learned your own language as a child, whereby your subconscious mind relieves you of most of the actual learning work.

3P|15 M: And only when you know and are familiar with everything do you begin with the active training units such as speaking, reading or writing, depending on where your priorities lie …

3P|16 J: Because you have now acquired the basis, understanding in the sense of comprehension, through active and passive listening, and largely without effort, so without losing time!

3P|17 M: Assuming you simply wish to understand – so as to watch satellite television, for example – the active and passive listening phases are sufficient.

3P|18 J: But most people want to speak as well, in order to converse. For this purpose, the active exercise of "Choral speaking" is recommended …

3P|19 M: … that is, you speak in chorus with the speakers on the CD or cassette.

3P|20 J: But only when you're really familiar with the specific learning material.

3P|21 M: The more time you spend initially on active and passive listening, the more time you save later on when you start on the active training.

3P|22 J: As you see, it's really easy. If the Birkenbihl Method is new to you, please be sure to read the Instructions for Use on this course.

3P|23 M: Otherwise you'll be like a Ferrari owner who only drives in first or second gear.

3P|24 J: Your brain is brilliant – when you use it properly.

3P|25 M: You proved you can do this by learning your mother tongue, didn't you?

3P|26 J: In this course we talk about all sorts of things …

3P|27 M: … about furnishing a flat …

3P|28 J: … about leisure activities …

3P|29 M: … and about how you can improve your memory!

3P|30 J: Concentrate particularly on those lessons where the subject is of special interest to you personally.

3P|31 M: This can be an entire lesson …

3P|32 J: … or just part of a lesson.

3P|33 M: In this way you create the basis for later being able to express yourself especially easily about the subjects that interest you.

3P|34 J: At the same time you improve your ability to understand, that is you keep on comprehending better and faster what other people wish to say to you.

3P|35 M: As we said, it will be fun for you, provide you with a great many successful experiences and motivate you to stay on the ball.

3P|36 J: Every quarter of an hour of active learning time will thus bring you closer to your goal – firstly of understanding well …

3P|37 M: … secondly, of being able to talk about everything in the language of your choice …

3P|38 J: … and thirdly and fourthly, of reading and writing in this language – if you want to learn that too.

3P|39 M: As you know, you just learn what you really want to master later on.

3P|40 J: For most people this means above all understanding and speaking – everyday communication.

3P|41 M: Let's begin. Come with me as I pay a surprise visit to Jane …

Lektion 21: Wohnung (Anfang)

(Es ist Samstag, etwa halb zwei Uhr mittags. Jane sitzt im Wohnzimmer ihrer Wohnung und sieht fern. Es klingelt. Sie geht zur Tür und öffnet. Der Fernseher ist im Hintergrund noch zu hören.)

21|01 J: Oh, Mike! Was für eine Überraschung! Wie nett von ihnen, dass Sie wieder bei mir vorbeischauen.

21|02 M: Ich hatte heute Mittag ein Geschäftsessen hier in der Umgebung, und ich dachte … Ich hoffe, ich halte Sie nicht von irgendetwas ab?

21|03 J: Nein, nein. Sie stören überhaupt nicht. Ich habe nur ferngesehen.
(Mike überreicht Jane einen Blumenstrauß.)

21|04 M: Ich habe gehofft, dass Sie da sind. Sonst hätte ich die Blumen auf der Stufe vor der Tür gelassen.

21|05 J: Oh, das ist nett von Ihnen. Vielen Dank!

21|06 M: Was wäre, wenn Sie die Blumen später vor der Tür gefunden hätten …

21|07 J: … ich hätte die ganze Nacht nicht einen Augenblick geschlafen und mich gefragt, wer sie dagelassen hat …

21|08 M: Sie meinen, welcher Ihrer Verehrer sie dagelassen haben könnte …

21|09 J: Ja, natürlich! Aber kommen Sie herein, und nehmen Sie Ihren Mantel ab!
(Mike betritt die Wohnung, schließt die Tür hinter sich und legt ab. Jane schaltet den Fernseher aus und verschwindet in der Küche, um die Blumen in eine Vase zu stellen. Mike folgt ihr. Sie lässt Wasser in die Vase laufen und gibt die Blumen hinein.)

21|10 J: Diese Blumen sind wirklich wunderschön. Und schön arrangiert – danke nochmals.

21|11 M: Gern geschehen. Ich hatte das Gefühl, die Floristin wusste, was sie tat. Aber ich muss gestehen, ich habe keine Ahnung, was für Blumensorten das sind.

21|12 J: Alle kenne ich auch nicht. Die gelben sind Narzissen. Dies ist eine Fresie. Und diese wundervollen roten sind Tulpen.

21|13 M: Abgesehen von Rosen und Nelken kenne ich kaum Blumen mit Namen …

21|14 J: Wie die meisten Männer …

21|15 M: Ich schlage vor, wir wechseln das Thema.

21|16 J: Einverstanden. Was möchten Sie trinken? Tee, Kaffee, Mineralwasser, Cola, Fruchtsaft, Bier? Oder vielleicht …

21|17 M: Stopp! Mineralwasser klingt gut.

21|18 J: Sie wissen, wo es ist …

21|19 M: Sicher …
(Mike öffnet den Kühlschrank.)

21|20 M: Das Wasser ist im Kühlschrank, und wenn ich mich richtig erinnere, müssten die Gläser hier sein.
(Mike öffnet einen Küchenschrank.)

21|21 J: Ist Ihnen irgendetwas aufgefallen?

21|22 M: Was meinen Sie?

21|23 J: Schauen Sie sich um …

21|24 M: Sie haben die Küche renoviert!

21|25 J: Nun, sagen wir, die Handwerker haben die Küche renoviert! Mein Beitrag war nur die Wahl der Materialien.

21|26 M: Ja, aber wenn man falsch wählt, nützt auch die beste Arbeit nichts. Mir gefällt es jedenfalls.

21|27 J: Sehen wir, ob Sie alles erkennen können, was in meiner Küche neu ist.

21|28 M: Wollen Sie mein visuelles Gedächtnis testen? Nun gut, schauen wir mal! Nun, zunächst ist die Küche neu gestrichen worden …

21|29 J: Das ist richtig! Mir gefiel die alte weiße Farbe nicht mehr. Über die Jahre war sie sowieso eher grau geworden.

21|30 M: Der Esstisch ist irgendwie anders. Jedenfalls sind Eckbank und Stühle sicher neu …

21|31 J: Richtig! Bank und Stühle sind wirklich neu. Und den Tisch habe ich kürzlich von einer Tante geerbt.

21|32 M: Aha! Und die Armaturen scheinen irgendwie anders … Sind sie auch neu?

21|33 J: Ja, die alten Armaturen hatten schon zu viele Flecken und Kratzer.

21|34 M: Und da neben dem Ofen sehe ich einen Geschirrspüler.

21|35 J: Genau! Ich war einfach genervt davon, Teller und Gläser von Hand zu spülen.

21|36 M: Ganz zu schweigen von Messern, Gabeln und Löffeln!

21|37 J: Richtig. Sie nehmen die Flasche und das Glas, ich nehme die Blumen, und wir gehen ins Wohnzimmer, okay?

21|38 M: Das neu eingerichtete Wohnzimmer …?

21|39 J: Abwarten!

(Sie gehen ins Wohnzimmer. Jane stellt die Vase mit den Blumen auf den Tisch.)

Dekodierte Fassung

Lesson Twenty-one: Flat (Start)
Lektion Einundzwanzig: Wohnung (Anfang)

(...)
(...)

21|01 J: Oh, Mike! What a surprise! How nice of you to
Oh, Mike! Was für eine Überraschung! Wie nett von Ihnen zu

drop in on me again.
vorbeischauen auf mich wieder.

21|02 M: I had a business lunch here in the neighbourhood and I
Ich hatte ein Geschäfts‿ Mittagessen hier in der Umgebung und ich

thought … I hope I'm not keeping you from anything?
dachte … Ich hoffe ich_bin nicht abhaltend[4] Sie von irgendetwas?

21|03 J: No, no. You're not disturbing me at all. I was just
Nein, nein. Sie_sind nicht störend mich überhaupt. Ich war nur

watching television.
anschauend Fernsehen.

(...)
(...)

21|04 M: I was hoping you'd be in. Otherwise I'd have
Ich war hoffend, dass Sie_würden sein da. Sonst ich_würde haben

---

4 Anstatt „ich halte gerade ab", „du schreibst gerade" u.ä. sagt man im Englischen „ich bin abhaltend", „du bist schreibend" usw.

left the flowers on the doorstep.
gelassen die Blumen auf der Türstufe.

21|05 J: Oh, this is nice of you. Thanks very much!
Oh, dies ist nett von Ihnen. Danke sehr viel!

21|06 M: What if you'd found the flowers outside the door later on …
Was wenn Sie_hätten gefunden die Blumen außerhalb der Tür später …

21|07 J: … I wouldn't have slept a wink all night,
… ich würde_nicht haben geschlafen einen Augenblick all die Nacht,

wondering who'd left them there …
mich_fragend wer_hatte gelassen sie da …

21|08 M: You mean which of your admirers could have left them there …
Sie meinen welcher von Ihren Verehrern könnte haben gelassen sie da …

21|09 J: Yes, of course! But do come in and take your
Ja, natürlich! Aber tun Sie kommen herein und nehmen Sie Ihren

coat off.
Mantel ab.

(…)
(…)

21|10 J: These flowers are really lovely. And beautifully arranged –
Diese Blumen sind wirklich wunderschön. Und schön arrangiert –

thanks again.
danke wieder.

21|11 M: You're welcome[5]. I had the feeling the florist knew what
Sie_sind willkommen. Ich hatte das Gefühl die Floristin wusste was

she was doing. But I must confess I've no idea what
sie war tuend. Aber ich muss gestehen ich_habe keine Ahnung was

kind of flowers they are.
für eine Art von Blumen sie sind.

21|12 J: I don't know them all either. The yellow ones are
Ich tue_nicht[6] kennen sie alle auch_nicht. Die gelben einen sind

5 „Bitte" als Antwort auf „Danke" heißt im Englischen „You're welcome".

6 Anstatt „ich kenne nicht", „du gingst nicht" u.ä. sagt man im Englischen „ich tue_nicht kennen", „du tatst_nicht gehen" usw.

daffodils. This is a freesia. And these wonderful red ones
Narzissen. Dies ist eine Fresie. Und diese wundervollen roten einen

are tulips.
sind Tulpen.

21|13 M: Apart from roses and carnations I hardly know any
Abgesehen von Rosen und Nelken ich kaum kenne irgendwelche

flowers by name …
Blumen mit Namen …

21|14 J: Like most men …
Wie die meisten Männer …

21|15 M: I suggest we change the subject.
Ich vorschlage wir wechseln das Thema.

21|16 J: Agreed. What would you like to drink? Tea, coffee,
Einverstanden. Was würden Sie mögen zu trinken? Tee, Kaffee,

mineral water, cola, fruit juice, beer? Or perhaps …
Mineral‿ Wasser, Cola, Frucht‿ Saft, Bier? Oder vielleicht …

21|17 M: Stop! Mineral water sounds fine.
Stopp! Mineral‿ Wasser klingt fein.

21|18 J: You know where it is …
Sie wissen wo es ist …

21|19 M: Sure …
Sicher …

(…)
(…)

21|20 M: The water's in the fridge, and if I remember
Das Wasser_ist in dem Kühlschrank, und wenn ich erinnere mich

rightly the glasses must be here.
richtig die Gläser müssen sein hier.

(…)
(…)

21|21 J: Have you noticed anything?
Haben Sie bemerkt irgendetwas?

21|22 M: What do you mean?
Was tun Sie meinen?

21|23 J: Take a look around …
Nehmen Sie einen Blick herum …

21|24 M: You've renovated the kitchen!
Sie_haben renoviert die Küche!

21|25 J: Well, let's say the builders have renovated the kitchen!
Nun, lassen_Sie_uns sagen die Handwerker haben renoviert die Küche!

My contribution was just choosing the materials.
Mein Beitrag war nur, zu wählen die Materialien.

21|26 M: Yes, but if you make the wrong choices, it doesn't
Ja, aber wenn man macht die falschen Wahlen, es tut_nicht

matter how well the work's done. I like it, anyway.
wichtig_sein wie gut die Arbeit_ist getan. Ich mag es, jedenfalls.

21|27 J: Let's see if you can spot everything that's new
Lassen_Sie_uns sehen ob Sie können erkennen alles das_ist neu

in my kitchen.
in meiner Küche.

21|28 M: Do you want to test my visual memory? Right,
Tun Sie wünschen zu testen mein visuelles Gedächtnis? Nun_gut,

let's have a look! Well, first of all, the kitchen has
lassen_Sie_uns haben einen Blick! Nun, zunächst, die Küche hat

been repainted …
gewesen neu_gestrichen …

21|29 J: That's right! I didn't like the old white paint any more.
Das_ist richtig! Ich tat_nicht mögen die alte weiße Farbe mehr.

Anyway over the years it had got rather grey.
Sowieso über die Jahre sie hatte geworden eher grau.

21|30 M: The dining table's different somehow. At least, the corner
Der Abendessen‿ Tisch_ist anders irgendwie. Jedenfalls, die Eck‿

bench and chairs are certainly new …
Bank und Stühle sind sicher neu …

21|31 J: Right! The bench and the chairs really are new. And I
Richtig! Die Bank und die Stühle wirklich sind neu. Und ich

recently inherited the table from an aunt.
kürzlich erbte den Tisch von einer Tante.

21|32 M: Aha! And the fittings somehow seem different … Are they
Aha! Und die Armaturen irgendwie scheinen anders … Sind sie

new, too?
neu, auch?

21|33 J: Yes, the old fittings just had too many marks and scratches.
Ja, die alten Armaturen schon hatten zu viele Flecken und Kratzer.

21|34 M: And there next to the oven, I see a dishwasher.
Und da neben dem Ofen, ich sehe einen Geschirrspüler.

21|35 J: Exactly! I was simply fed up with washing plates and
Genau! Ich war einfach genervt da‿ mit, zu waschen Teller und

glasses by hand.
Gläser von Hand.

21|36 M: Not to mention knives, forks and spoons!
Nicht zu erwähnen Messer, Gabeln und Löffel!

21|37 J: Right. You take the bottle and the glass, I'll take the
Richtig. Sie nehmen die Flasche und das Glas, ich_werde nehmen die

flowers and we'll go into the living room, okay?
Blumen und wir_werden gehen in das Wohn‿ Zimmer, okay?

21|38 M: The newly decorated living room …?
Das neu eingerichtete Wohn‿ Zimmer …?

21|39 J: Wait and see!
Warten Sie und sehen Sie!

(…)
(…)

Englische Fassung

Lesson Twenty-one: Flat (Start)
(…)
21|01 J: Oh, Mike! What a surprise! How nice of you to drop in on me again.
21|02 M: I had a business lunch here in the neighbourhood and I thought … I hope I'm not keeping you from anything?
21|03 J: No, no. You're not disturbing me at all. I was just watching television.
(…)
21|04 M: I was hoping you'd be in. Otherwise I'd have left the flowers on the doorstep.
21|05 J: Oh, this is nice of you. Thanks very much!
21|06 M: What if you'd found the flowers outside the door later on …
21|07 J: … I wouldn't have slept a wink all night, wondering who'd left them there …

21|08 M: You mean which of your admirers could have left them there …

21|09 J: Yes, of course! But do come in and take your coat off.

(…)

21|10 J: These flowers are really lovely. And beautifully arranged – thanks again.

21|11 M: You're welcome. I had the feeling the florist knew what she was doing. But I must confess I've no idea what kind of flowers they are.

21|12 J: I don't know them all either. The yellow ones are daffodils. This is a freesia. And these wonderful red ones are tulips.

21|13 M: Apart from roses and carnations I hardly know any flowers by name …

21|14 J: Like most men …

21|15 M: I suggest we change the subject.

21|16 J: Agreed. What would you like to drink? Tea, coffee, mineral water, cola, fruit juice, beer? Or perhaps …

21|17 M: Stop! Mineral water sounds fine.

21|18 J: You know where it is …

21|19 M: Sure …

(…)

21|20 M: The water's in the fridge, and if I remember rightly the glasses must be here.

(…)

21|21 J: Have you noticed anything?

21|22 M: What do you mean?

21|23 J: Take a look around …

21|24 M: You've renovated the kitchen!

21|25 J: Well, let's say the builders have renovated the kitchen! My contribution was just choosing the materials.

21|26 M: Yes, but if you make the wrong choices, it doesn't matter how well the work's done. I like it, anyway.

21|27 J: Let's see if you can spot everything that's new in my kitchen.

21|28 M: Do you want to test my visual memory? Right, let's have a look! Well, first of all, the kitchen has been repainted …

21|29 J: That's right! I didn't like the old white paint any more. Anyway over the years it had got rather grey.

21|30 M: The dining table's different somehow. At least, the corner bench and chairs are certainly new …

21|31 J: Right! The bench and the chairs really are new. And I recently inherited the table from an aunt.

21|32 M: Aha! And the fittings somehow seem different … Are they new, too?

21|33 J: Yes, the old fittings just had too many marks and scratches.

21|34 M: And there next to the oven, I see a dishwasher.

21|35 J: Exactly! I was simply fed up with washing plates and glasses by hand.

21|36 M: Not to mention knives, forks and spoons!

21|37 J: Right. You take the bottle and the glass, I'll take the flowers and we'll go into the living room, okay?

21|38 M: The newly decorated living room …?

21|39 J: Wait and see!

(…)

Lektion 22: Wohnung (Ende)

22|01 M: Wow! Beim Renovieren dieses Zimmers ist Ihnen wirklich der große Wurf gelungen.

22|02 J: Denken Sie? Obwohl sich wirklich gar nicht so viel geändert hat.

22|03 M: Warum habe ich es nicht gleich bemerkt?

22|04 J: Weil sehr wenige Männer ein Auge für solche Dinge haben.

22|05 M: Das ist das zweite Mal, dass Sie so etwas gesagt haben, Jane.

22|06 J: Das kommt von meinem Job. Wenn Ehepaare zu mir kommen, um Vorhänge oder einen Teppich zu kaufen, denkt die Frau gewöhnlich darüber nach, ob sie zum Rest der Einrichtung passen, während der Mann mehr am Preis-Leistungs-Verhältnis interessiert ist.

22|07 M: Ich denke, Sie haben recht. Ich nehme Möbel und Einrichtung normalerweise nicht sehr wahr!

22|08 J: Oder Blumen?

22|09 M: Oder Blumen …

22|10 J: Oder Kleidungsstücke?

22|11 M: Richtig. Wenn sie nicht wirklich ungewöhnlich sind, wie bei meinem Geschäftskontakt vorher.

22|12 J: Das klingt interessant! Was hat er denn getragen?

22|13 M: Er war wirklich formell gekleidet – auch am Samstag beim Mittagessen.

22|14 J: Wahrscheinlich musste er nach dem Treffen mit Ihnen noch irgendwohin.

22|15 M: Sie haben es erraten! Er musste zu einem Vorstandstreffen gehen. Wenn er jedoch normal gekleidet gewesen wäre, würde ich mich jetzt wahrscheinlich nicht erinnern, was er getragen hat. Sind alle Männer so blind?

22|16 J: Nicht blind, Mike. Männer sind nur normalerweise an anderen Aspekten interessiert – Dinge, die uns Frauen wiederum nicht so bewusst sind.

22|17 M: Zum Beispiel?

22|18 J: Autos, Flugzeuge, Maschinen, Computer …

22|19 M: Also technische Geräte?

22|20 J: Ja, wohingegen Frauen mehr an Lebewesen und ihren Beziehungen interessiert sind …

22|21 M: Angefangen mit Blumen?

22|22 J: Ja, Blumen, Tiere und natürlich Menschen.

22|23 M: Ist das ein Ergebnis davon, wie wir erzogen worden sind?

22|24 J: Das dachten die Menschen früher. Aber in den vergangenen Jahrzehnten hat die Forschung gezeigt, dass es biologische Unterschiede gibt. Gezeigt hat man das zum Beispiel in den Kibbuzim in Israel, wo man seit dem Ende des Zweiten Weltkriegs bewusst versucht hat, Jungen und Mädchen gleich zu erziehen.

22|25 M: Das ist interessant! Es sind also nicht nur chauvinistische Vorurteile, die von Generation zu Generation weitergegeben werden?

22|26 J: Sie mögen auch eine Rolle spielen … aber vielleicht sollten wir mit dem Thema ein andermal weitermachen. Momentan bin ich viel mehr an Ihrer Reaktion auf mein neues Wohnzimmer interessiert!

22|27 M: Nun, ich denke, es ist super!

22|28 J: Ja, und …?

22|29 M: Wie bitte?

22|30 J: Nun, Sie sind gewöhnlich sehr gut darin, sich auszudrücken.

22|31 M: Ich sehe, was Sie meinen. Ich bin wieder ein typischer Mann und bei Details nicht aufmerksam genug.

22|32 J: Nun, die meisten Männer sind an Innenausstattung einfach nicht sehr interessiert.

22|33 M: Helfen Sie mir ein bisschen, Jane. Ich möchte mich für alles interessieren, was Sie interessiert!

22|34 J: Nun, ich habe die Wände neu tapezieren lassen.

22|35 M: Oh Himmel! Jetzt kann ich es sehen! Gefällt mir. Die neue Tapete schafft eine sehr angenehme Atmosphäre.

22|36 J: Dann habe ich die Polster und den Lampenschirm neu beziehen lassen.

22|37 M: Lassen Sie mich genau hinsehen … Ah, es ist dasselbe Material wie die Vorhänge.

22|38 J: Bravo!

22|39 M: Sie sehen, ich bin lernfähig!

22|40 J: Das ist ein Grund, warum ich Sie mag!

22|41 M: Sie wissen, dass ich Sie auch mag, Jane.
(Sie schauen einander tief in die Augen.)

22|42 M: Übrigens, Jane …

22|43 J: Mmmm …?

22|44 M: Als ich gerade an Ihnen heruntergeschaut habe, ist mir etwas aufgefallen.

22|45 J: Jaaa … was denn?

22|46 M: Der Teppich ist auch neu!

22|47 J: Oh … und ich dachte, dass Sie etwas über mich sagen würden!

22|48 M: Also – wie Sie wissen, im Zweifelsfall fokussieren wir Männer uns auf Dinge anstatt auf Menschen …

22|49 J: Natürlich!

22|50 M: Andererseits sollte es Sie freuen, dass ich mehr von Ihrer Einrichtung wahrnehme. Normalerweise hätte ich den neuen Teppich nicht bemerkt.

22|51 J: Besonders da die Grundfarbe zu jener des alten ähnlich ist.

22|52 M: Jetzt, wo Sie es erwähnen, kann ich es selbst sehen.

22|53 J: Wirklich?

22|54 M: Die Farben harmonieren perfekt mit Sofa und Sessel. Sie haben wirklich einen vorzüglichen Geschmack, Jane.

22|55 J: Nun, Geschmack ist natürlich etwas Persönliches. Ich nehme nicht an, dass guter Geschmack als solcher wirklich existiert. Aber es freut mich, dass unser Geschmack ähnlich ist …

22|56 M: … weshalb ich denke, dass Ihr Geschmack guter Geschmack ist?

22|57 J: Genau! Wenn Menschen dieselbe Art von Dingen mögen, denken sie eher, dass der Geschmack oder die Meinung einer anderen Person gut ist …
(Mike schaut sich weiter im Wohnzimmer um.)

22|58 M: Der Fernseher ist noch derselbe.

22|59 J: Das ist richtig. Und die Stereoanlage auch.

22|60 M: Sie haben wirklich erfolgreich das Alte mit dem Neuen harmonisch verbunden.

22|61 J: Danke. Es freut mich, dass es Ihnen gefällt.

Dekodierte Fassung

Lesson	Twenty-two:	Flat	(End)
Lektion	**Zweiundzwanzig:**	**Wohnung**	**(Ende)**

22|01 M: Wow! You've really done a marvellous job of
Wow! Sie_haben wirklich getan einen wunderbaren Job da‿ von, zu

redecorating this room.
renovieren dieses Zimmer.

22|02 J: Do you think so? Though not all that much has changed, really.
Tun Sie denken so? Obwohl nicht gar_so viel hat geändert sich, wirklich.

22|03 M: Why didn't I notice it straight away?
Warum tat_nicht ich bemerken es gleich?

22|04 J: Because very few men have an eye for such things.
Weil sehr wenige Männer haben ein Auge für solche Dinge.

22|05 M: That's the second time you've said something like that, Jane.
Das_ist das zweite Mal, dass Sie_haben gesagt etwas solcherart, Jane.

22|06 J: It comes from my job. When couples come to me to
Es kommt von meinem Job. Wenn Ehepaare kommen zu mir zu

buy curtains or a carpet, it's usually the woman who
kaufen Vorhänge oder einen Teppich, es_ist gewöhnlich die Frau die

thinks about matching up with the rest of the
nachdenkt dar‿ über, zu passen mit dem Rest von der

decoration, while the man is more interested in the
Einrichtung, während der Mann ist mehr interessiert in dem

price-performance ratio.
Preis-Leistungs-‿ Verhältnis.

22|07 M: I think you're right. I don't normally notice
Ich denke Sie_sind richtig. Ich tue_nicht normalerweise wahrnehmen

furniture and décor very much!
Möbel und Einrichtung sehr viel!

22|08 J: Or flowers?
Oder Blumen?

22|09 M: Or flowers …
Oder Blumen …

22|10 J: Or clothes?
Oder Kleidungsstücke?

22|11 M: Right. Unless they're really unusual, as with my
Richtig. Wenn_nicht sie_sind wirklich ungewöhnlich, wie bei meinem

business contact earlier.
Geschäfts‿ Kontakt vorher.

22|12 J: That sounds interesting! What was he wearing, then?
Das klingt interessant! Was war er tragend, denn?

22|13 M: He was dressed really formally – on a Saturday lunch
Er war gekleidet wirklich formell – auf einer Samstag-‿ Mittagessen-‿

time, too.
Zeit, auch.

22|14 J: He probably had to go on somewhere after your meeting.
Er wahrscheinlich hatte zu gehen weiter irgendwohin nach Ihrem Treffen.

22|15 M: You've guessed it! He had to go to a board meeting.
Sie_haben erraten es! Er hatte zu gehen zu einem Vorstands‿ Treffen.

If he'd been normally dressed, though, I probably
Wenn er_hätte gewesen normal gekleidet, jedoch, ich wahrscheinlich

wouldn't remember now what he'd been wearing. Are
würde_nicht erinnern mich jetzt was er_hatte gewesen tragend. Sind

all men so blind?
alle Männer so blind?

22|16 J: Not blind, Mike. Men are just more interested in other
Nicht blind, Mike. Männer sind nur mehr interessiert in anderen

aspects as a rule – things we women in turn aren't
Aspekten normalerweise – Dinge, denen wir Frauen wiederum sind_nicht

so conscious of.
so bewusst von.

22|17 M: For example?
Für Beispiel?

22|18 J: Cars, aircraft, machines, computers …
Autos, Flugzeuge, Maschinen, Computer …

22|19 M: Technical equipment, then?
Technische Geräte, dann?

22|20 J: Yes, whereas women are more interested in living things and
Ja, wohingegen Frauen sind mehr interessiert in Lebewesen und

their relationships …
ihren Beziehungen …

22|21 M: Starting with flowers?
Anfangend mit Blumen?

22|22 J: Yes, flowers, animals and, of course, people.
Ja, Blumen, Tiere und, natürlich, Menschen.

22|23 M: Is that a result of the way we're brought up?
Ist das ein Ergebnis von der Art, wie wir_sind erzogen?

22|24 J: That's what people used to think. But in recent
Das_ist was Menschen pflegten zu denken. Aber in den vergangenen

decades research has shown that there are biological
Jahrzehnten Forschung hat gezeigt dass da sind biologische

differences. That's been shown, for instance, in the kibbutzim in
Unterschiede. Das_hat gewesen gezeigt, für Beispiel, in den Kibbuzim in

Israel, where since the end of the Second World War they
Israel, wo seit dem Ende von dem Zweiten Welt‿ Krieg sie

deliberately tried to bring up boys and girls the same.
bewusst versuchten zu erziehen Jungen und Mädchen gleich.

22|25 M: That's interesting! So they're not just chauvinist prejudices,
Das_ist interessant! Also sie_sind nicht nur Chauvinisten‿ Vorurteile,

handed down from generation to generation?
weitergegeben von Generation zu Generation?

22|26 J: They may play a part as well … but perhaps we should
Sie mögen spielen eine Rolle auch … aber vielleicht wir sollten

carry on with the subject some other time. At the moment, I'm
weitermachen mit dem Thema ein_andermal. Momentan, ich_bin

much more interested in your reaction to my new living room!
viel mehr interessiert in Ihrer Reaktion zu meinem neuen Wohn‿ Zimmer!

22|27 M: Well, I think it's super!
Nun, ich denke es_ist super!

22|28 J: Yes, and …?
Ja, und …?

22|29 M: I'm sorry?
Wie_bitte?

22|30 J: Well, you're usually very good at expressing yourself.
Nun, Sie_sind gewöhnlich sehr gut da‿ bei, auszudrücken sich_selbst.

22|31 M: I see what you mean. I'm being a typical man again
Ich sehe was Sie meinen. Ich_bin seiend ein typischer Mann wieder

and not paying enough attention to details.
und nicht zollend genug Aufmerksamkeit zu Details.

22|32 J: Well, most men simply aren't very interested in interior
Nun, die meisten Männer einfach sind_nicht sehr interessiert in Innen‿

design.
Ausstattung.

22|33 M: Give me a bit of help, Jane. I'd like to be
Geben Sie mir ein bisschen von Hilfe, Jane. Ich_würde mögen zu sein

interested in everything that interests you!
interessiert in allem das interessiert Sie!

22|34 J: Well, I've had the walls repapered.
Nun, ich_habe gehabt die Wände neu_tapeziert.

22|35 M: Oh heavens! I can see it now! I like it. The new paper
Oh Himmel! Ich kann sehen es jetzt! Ich mag es. Die neue Tapete

creates a very pleasant atmosphere.
schafft eine sehr angenehme Atmosphäre.

22|36 J: Then I had the upholstery and lamp shade recovered.
Dann ich hatte die Polsterung und den Lampen‿ Schirm neu_bezogen.

22|37 M: Let me take a good look … Ah, it's the same
Lassen Sie mich nehmen einen guten Blick … Ah, es_ist das‿ selbe

material as the curtains.
Material wie die Vorhänge.

22|38 J: Bravo!
Bravo!

22|39 M: You see, I can learn!
Sie sehen, ich kann lernen!

22|40 J: That's one reason why I like you!
Das_ist ein Grund warum ich mag Sie!

22|41 M: You know that I like you, too, Jane.
Sie wissen dass ich mag Sie, auch, Jane.

(…)
(…)

22|42 M: By the way, Jane …
Übrigens, Jane …

22|43 J: Mmmm …?
Mmmm …?

22|44 M: As I was looking at you just now, I noticed something.
Als ich war schauend auf Sie gerade, ich bemerkte etwas.

22|45 J: Yeees … what then?
Jaaa … was denn?

22|46 M: The carpet's new, as well!
Der Teppich_ist neu, auch!

22|47 J: Oh … and I thought you were going to say something about me!
Oh … und ich dachte, dass Sie wären gehend zu sagen etwas über mich!

22|48 M: Well now – as you know, when in doubt, we men
Also – wie Sie wissen, wenn in dem Zweifel, wir Männer

focus on things rather than people …
fokussieren uns auf Dinge anstatt auf Menschen …

22|49 J: Naturally!
Natürlich!

22|50 M: On the other hand, you should be pleased that I'm noticing
Andererseits, Sie sollten sein erfreut dass ich_bin wahrnehmend

more of your decoration. Normally, I wouldn't have
mehr von Ihrer Einrichtung. Normalerweise, ich würde_nicht haben

noticed the new carpet.
bemerkt den neuen Teppich.

22|51 J: Especially since the basic colour is similar to that of the old one.
Besonders da die Grund‿Farbe ist ähnlich zu jener von dem alten einen.

22|52 M: Now you mention it, I can see it myself.
Jetzt, wo Sie erwähnen es, ich kann sehen es ich_selbst.

22|53 J: Really?
Wirklich?

22|54 M: The colours harmonize perfectly with the sofa and armchair.
Die Farben harmonieren perfekt mit dem Sofa und dem Sessel.

You really do have excellent taste, Jane.
Sie wirklich tun haben einen vorzüglichen Geschmack, Jane.

22|55 J: Well, taste is a personal matter, of course. I don't
Nun, Geschmack ist eine persönliche Sache, natürlich. Ich tue_nicht

suppose good taste as such really exists. But
annehmen, dass guter Geschmack als solcher wirklich existiert. Aber

I am pleased that our taste is similar …
ich bin erfreut dass unser Geschmack ist ähnlich …

22|56 M: … which is why I think your taste is good taste?
… weshalb ich denke, dass Ihr Geschmack ist guter Geschmack?

22|57 J: Exactly! When people like the same sort of thing, they
Genau! Wenn Menschen mögen die‿ selbe Art von Ding, sie

tend to think the other person's taste or
tendieren zu denken, dass der anderen Person Geschmack oder

opinion is good …
Meinung ist gut …

(…)
(…)

22|58 M: The television is still the same one.
Der Fernseher ist noch der‿ selbe eine.

22|59 J: That's right. And the stereo equipment, too.
Das_ist richtig. Und die Stereo‿ Anlage, auch.

22|60 M: You've certainly succeeded in harmonizing the old
Sie_haben wirklich Erfolg_gehabt dar‿ in, zu harmonisieren das Alte

with the new.
mit dem Neuen.

22|61 J: Thank you. I'm pleased you like it.
Danke. Ich_bin erfreut, dass Sie mögen es.

Englische Fassung

Lesson Twenty-two: Flat (End)

22|01 M: Wow! You've really done a marvellous job of redecorating this room.
22|02 J: Do you think so? Though not all that much has changed, really.
22|03 M: Why didn't I notice it straight away?
22|04 J: Because very few men have an eye for such things.
22|05 M: That's the second time you've said something like that, Jane.

22|06 J: It comes from my job. When couples come to me to buy curtains or a carpet, it's usually the woman who thinks about matching up with the rest of the decoration, while the man is more interested in the price-performance ratio.
22|07 M: I think you're right. I don't normally notice furniture and décor very much!
22|08 J: Or flowers?
22|09 M: Or flowers …
22|10 J: Or clothes?
22|11 M: Right. Unless they're really unusual, as with my business contact earlier.
22|12 J: That sounds interesting! What was he wearing, then?
22|13 M: He was dressed really formally – on a Saturday lunch time, too.
22|14 J: He probably had to go on somewhere after your meeting.
22|15 M: You've guessed it! He had to go to a board meeting. If he'd been normally dressed, though, I probably wouldn't remember now what he'd been wearing. Are all men so blind?
22|16 J: Not blind, Mike. Men are just more interested in other aspects as a rule – things we women in turn aren't so conscious of.
22|17 M: For example?
22|18 J: Cars, aircraft, machines, computers …
22|19 M: Technical equipment, then?
22|20 J: Yes, whereas women are more interested in living things and their relationships …
22|21 M: Starting with flowers?
22|22 J: Yes, flowers, animals and, of course, people.
22|23 M: Is that a result of the way we're brought up?
22|24 J: That's what people used to think. But in recent decades research has shown that there are biological differences. That's been shown, for instance, in the kibbutzim in Israel, where since the end of the Second World War they deliberately tried to bring up boys and girls the same.
22|25 M: That's interesting! So they're not just chauvinist prejudices, handed down from generation to generation?
22|26 J: They may play a part as well … but perhaps we should carry on with the subject some other time. At the moment, I'm much more interested in your reaction to my new living room!
22|27 M: Well, I think it's super!
22|28 J: Yes, and …?
22|29 M: I'm sorry?
22|30 J: Well, you're usually very good at expressing yourself.
22|31 M: I see what you mean. I'm being a typical man again and not paying enough attention to details.
22|32 J: Well, most men simply aren't very interested in interior design.
22|33 M: Give me a bit of help, Jane. I'd like to be interested in everything that interests you!
22|34 J: Well, I've had the walls repapered.
22|35 M: Oh heavens! I can see it now! I like it. The new paper creates a very pleasant atmosphere.
22|36 J: Then I had the upholstery and lamp shade recovered.
22|37 M: Let me take a good look … Ah, it's the same material as the curtains.
22|38 J: Bravo!
22|39 M: You see, I can learn!
22|40 J: That's one reason why I like you!
22|41 M: You know that I like you, too, Jane.
(…)
22|42 M: By the way, Jane …

22|43 J: Mmmm …?

22|44 M: As I was looking at you just now, I noticed something.

22|45 J: Yeees … what then?

22|46 M: The carpet's new, as well!

22|47 J: Oh … and I thought you were going to say something about me!

22|48 M: Well now – as you know, when in doubt, we men focus on things rather than people …

22|49 J: Naturally!

22|50 M: On the other hand, you should be pleased that I'm noticing more of your decoration. Normally, I wouldn't have noticed the new carpet.

22|51 J: Especially since the basic colour is similar to that of the old one.

22|52 M: Now you mention it, I can see it myself.

22|53 J: Really?

22|54 M: The colours harmonize perfectly with the sofa and armchair. You really do have excellent taste, Jane.

22|55 J: Well, taste is a personal matter, of course. I don't suppose good taste as such really exists. But I am pleased that our taste is similar …

22|56 M: … which is why I think your taste is good taste?

22|57 J: Exactly! When people like the same sort of thing, they tend to think the other person's taste or opinion is good …

(…)

22|58 M: The television is still the same one.

22|59 J: That's right. And the stereo equipment, too.

22|60 M: You've certainly succeeded in harmonizing the old with the new.

22|61 J: Thank you. I'm pleased you like it.

Lektion 23: Freizeit

23|01 J: Setzen Sie sich.

23|02 M: Auf die TV-Zeitschrift?

23|03 J: Oh! Legen Sie sie einfach auf den Tisch.
(Mike tut wie geheißen und setzt sich.)

23|04 M: Was haben Sie vorher angeschaut?

23|05 J: Ich habe mir nur die Mittagsnachrichten angeschaut. Wissen Sie, ich schaue normalerweise nicht viel fern. Mit der wenigen Zeit, die ich neben Job und Haushalt für mich habe, möchte ich etwas Besseres anfangen.

23|06 M: Wie verbringen Sie denn Ihre Freizeit?

23|07 J: Nun, ich lese vorzugsweise. Und ich gehe gerne zu Vorträgen; da ist ein Erwachsenenbildungszentrum in der Nähe.

23|08 M: Meine Schwester ist bei Handarbeiten wirklich gut: Kleidungsstücke machen, Pullover stricken und so weiter.

23|09 J: Oh ja, ich mag das auch. Und ich liebe Kochen. Und Sie? Was ist Ihr Lieblingshobby?

23|10 M: Nun, auch ich lese gerne. Aber ich habe nie genug Zeit, alles zu lesen, was ich lesen möchte. Daher benutze ich Kassetten …

23|11 J: Wie meinen Sie das?

23|12 M: Nun, heutzutage kann man so viele Bücher auf Kassette bekommen – Belletristik, Sachthemen, alles. Und mit einem Walkman kann man sie überall, wo man geht, anhören …

23|13 J: Und Anhören ist anders als Lesen.

23|14 M: Völlig richtig. Informationen kommen irgendwie anders herüber, wenn man sie hört, als wenn man sie liest.

23|15 J: Und man kann Verkehrsstaus auf dem Weg zu und von der Arbeit sehr gut nutzen.

23|16 M: Die Amerikaner, sehr praktisch wie immer, haben es geradezu perfektioniert. Sie sprechen von der Auto-Universität. Und der Durchschnittspendler hat ungefähr so viele Lehrprogramme auf Kassette im Auto, wie viele von uns Bücher daheim haben.

23|17 J: Ich höre gerne Kassetten, wenn ich putze oder bügle.

23|18 M: Und ich mag sie beim Sport. Wenn ich am Abend von der Arbeit heimkomme, treibe ich gewöhnlich eine halbe Stunde Sport, um den Arbeitstag abzuschütteln.

23|19 J: Welche Sportart?

23|20 M: Ich gehe joggen und Rad fahren, und ich spiele Tennis.

23|21 J: Ich kann Sie gerade mit Ihrem Walkman und Kopfhörern sehen – beim Tennisspielen …

23|22 M: Übrigens lerne ich auch Geige, und ich gehe gerne zu Konzerten.

23|23 J: Oh, das habe ich vorhin vergessen zu erwähnen, als ich sagte, ich ginge zu Vorträgen. Ich gehe auch gern zu Konzerten!

23|24 M: Dann sollten wir bald nach einem interessanten Konzert schauen. Heutzutage sind es nicht nur Ihre Geschäftstermine, die sorgfältige Planung brauchen, Freizeitprojekte brauchen sie auch, denken Sie nicht? Besonders, wenn man etwas zusammen mit anderen unternehmen will. Es ist echtes Zeitmanagement …

23|25 J: Was Zeitmanagement angeht, sollten Sie meinen Neffen Bobby sehen. Wie Sie wissen, ist er gerade neun geworden. Wenn er von der Schule heimkommt, macht er zunächst seine Hausaufgaben. Dann übt er gewöhnlich eine halbe Stunde Klavier. Danach geht er montags, mittwochs und freitags zum Fußballtraining. Dienstags und donnerstags geht er zu seinem Jugendklub. Nur samstags und sonntags hat er gewissermaßen frei. Er hat einen Terminplan wie eine Führungskraft.

23|26 M: Ich denke, solange er nicht von Erwachsenen unter Druck gesetzt wird und er wirklich genießt, was er tut, sollte man ihn seine Freizeit so verbringen lassen. Das Fußballspielen hält ihn zum Beispiel körperlich fit. Und durch sein Engagement im Jugendklub lernt er, mit anderen auszukommen.

23|27 J: Ja, und sein Klavierspielen hilft ihm, seine Musikalität zu entwickeln, und er lernt auch, ein Ziel bis zum Ende zu verfolgen.

23|28 M: Nicht nur das! Neulich habe ich gelesen, dass Musik alle intellektuellen Fähigkeiten stärkt. Kinder, die Musik machen, sind in Mathematik und Grammatik besser, sie können sich besser ausdrücken und lernen leichter!

23|29 J: Nur Kinder?

23|30 M: Nein, nicht nur. Aber ein Professor in Hamburg hat es zunächst für Kinder nachgewiesen. Inzwischen haben andere Studien gezeigt, dass es auch auf Erwachsene zutrifft.

23|31 J: Trifft es nur auf das Spielen von Instrumenten zu?

23|32 M: Nein. Es fängt mit einfachem Singen und regelmäßigen Runden von aktivem Musikhören an. Aber es gilt besonders für das Spielen von Instrumenten. Das ist ein Grund, warum ich wieder mit Geige angefangen habe.

23|33 J: Das ist faszinierend! Vielleicht sollte ich das alte Keyboard wieder aus dem Keller hervorholen …

23|34 M: Sie spielen Keyboard?

23|35 J: Nun, ich habe angefangen, es dann aber aufgegeben.

23|36 M: Ich denke, es wäre toll, wenn Sie wieder anfangen würden …

23|37 J: Vielleicht werde ich das wirklich … Ich müsste jedoch neue Noten kaufen. Die alten sind beim Umzug an diesen Ort verloren gegangen. Dabei fällt mir ein, ich habe vollkommen vergessen, dass ich noch einige Einkäufe machen muss …

23|38 M: Ich würde gerne mit Ihnen kommen …

23|39 J: Fein … warten Sie eine Minute, während ich schnell eine Einkaufsliste mache …

Dekodierte Fassung

Lesson Twenty-three: Leisure time
Lektion Dreiundzwanzig: Freizeit

23|01 J: Sit yourself down.
Setzen Sie sich_selbst hin.

23|02 M: On the TV magazine?
Auf die TV-‿ Zeitschrift?

23|03 J: Oh! Just put it on the table.
Oh! Einfach legen Sie sie auf den Tisch.

(…)
(…)

23|04 M: What was it you were watching before?
Was war es, das Sie waren anschauend vorher?

23|05 J: I was just watching the midday news. I don't
Ich war nur anschauend die Mittags‿ Nachrichten. Ich tue_nicht

normally watch much television, you know. I want to
normalerweise anschauen viel Fernsehen, Sie wissen. Ich wünsche zu

do something better with the little time I have for
tun etwas Besseres mit der wenigen Zeit, die ich habe für

myself, after my job and looking after the flat.
mich_selbst, nach meinem Job und dem Schauen nach der Wohnung.

23|06 M: How do you spend your free time, then?
Wie tun Sie verbringen Ihre Frei‿ Zeit, denn?

23|07 J: Well, reading, preferably. And I like going to lectures; there's
Nun, lesend, vorzugsweise. Und ich mag gehen zu Vorträgen; da_ist

an adult education centre close by.
ein Erwachsenen‿ Bildungs‿ Zentrum in_der_Nähe.

23|08 M: My sister is really good at needlework: making
Meine Schwester ist wirklich gut bei Handarbeit: machen

clothes, knitting pullovers and so on.
Kleidungsstücke, stricken Pullover und so weiter.

23|09 J: Oh yes, I like that as well. And I love cooking. What about you?
Oh ja, ich mag das auch. Und ich liebe Kochen. Was über Sie?

What's your favourite hobby?
Was_ist Ihr Lieblings‿ Hobby?

23|10 M: Well, I like reading, too. But I never have enough time to
Nun, ich mag Lesen, auch. Aber ich nie habe genug Zeit zu

read everything I'd like to. That's why I use
lesen alles, was ich_würde mögen zu lesen. Daher ich benutze

tapes …
Kassetten …

23|11 J: How do you mean?
Wie tun Sie meinen?

23|12 M: Well, these days you can get so many books on cassette –
Nun, heutzutage man kann bekommen so viele Bücher auf Kassette –

fiction, non-fiction, everything. And with a walkman you
Belletristik, Sachthemen, alles. Und mit einem Walkman man

can listen to them anywhere you go …
kann zuhören zu ihnen überall, wo man geht …

23|13 J: And listening is different from reading.
Und Zuhören ist anders von Lesen.

23|14 M: Quite right. Information somehow comes across differently when
Völlig richtig. Information irgendwie kommt herüber anders wenn

you hear it rather than read it.
man hört sie anstatt liest sie.

23|15 J: And you can make very good use of the traffic jams
Und man kann machen sehr gute Nutzung von den Verkehrs‿ Staus

on the way to and from work.
auf dem Weg zu und von der Arbeit.

23|16 M: The Americans, very practical as always, have virtually
Die Amerikaner, sehr praktisch wie immer, haben geradezu

perfected it. They talk about the auto-university. And the
perfektioniert es. Sie sprechen über die Auto-Universität. Und der

average commuter has about as many teaching programmes on
Durchschnitts‿ Pendler hat ungefähr so viele Lehr‿ Programme auf

cassette in the car as many of us have books at home.
Kassette in dem Auto wie viele von uns haben Bücher daheim.

23|17 J: I like listening to cassettes when I'm doing the cleaning or
Ich mag zuhören zu Kassetten wenn ich_bin tuend das Putzen oder

the ironing.
das Bügeln.

23|18 M: And I like them during sport. When I come home from
Und ich mag sie während Sport. Wenn ich komme heim von der

work in the evening, I usually do half an hour sport,
Arbeit in dem Abend, ich gewöhnlich tue halbe eine Stunde Sport,

to shake off the working day.
zu schütteln ab den Arbeits‿ Tag.

23|19 J: What sort of sport?
Was für eine Art von Sport?

23|20 M: I go jogging, cycling and I play tennis.
Ich gehe joggen, Rad_fahren und ich spiele Tennis.

23|21 J: I can just see you with your walkman and headphones –
Ich kann gerade sehen Sie mit Ihrem Walkman und Kopfhörern –

playing tennis …
spielend Tennis …

23|22 M: I'm also learning the violin, by the way, and I like going to concerts.
Ich_bin auch lernend die Geige, übrigens, und ich mag gehen zu Konzerten.

23|23 J: Oh, I forgot to mention that before, when I said I went to
Oh, ich vergaß zu erwähnen das vorhin, als ich sagte ich ginge zu

lectures. I also like going to concerts!
Vorträgen. Ich auch mag gehen zu Konzerten!

23|24 M: Then we ought to look out for an interesting concert,
Dann wir sollten zu schauen hinaus für ein interessantes Konzert,

soon. These days, it's not only your business appointments that
bald. Heutzutage, es_ist nicht nur Ihre Geschäfts‿ Termine die

need careful planning, leisure time projects need it too,
brauchen sorgfältige Planung, Freizeit‿ Projekte brauchen sie auch,

don't you think? Especially if you want to do something
tun_nicht Sie denken? Besonders wenn man wünscht zu tun etwas

together with others. It's real time management …
zusammen mit anderen. Es_ist echtes Zeit‿ Management …

23|25 J: Talking of time management, you should see my nephew
Redend von Zeit‿ Management, Sie sollten sehen meinen Neffen

Bobby. As you know, he's just turned nine. When he
Bobby. Wie Sie wissen, er_hat gerade geworden neun. Wenn er

gets home from school, he does his homework first of all.
kommt heim von der Schule, er tut seine Hausaufgabe zunächst.

Then he usually does half an hour piano practice. After that,
Dann er gewöhnlich tut halbe eine Stunde Klavier‿ Üben. Danach,

on Mondays, Wednesdays and Fridays, he goes off to football
an Montagen, Mittwochen und Freitagen, er hingeht zu dem Fußball‿

training. Tuesdays and Thursdays he goes to his youth
Training. An Dienstagen und Donnerstagen er geht zu seinem Jugend‿

club. Only on Saturdays and Sundays is he free, as it were.
Klub. Nur an Samstagen und Sonntagen ist er frei, gewissermaßen.

He's got an appointment schedule like an executive's.
Er_hat bekommen einen Termin‿ Plan wie eine Führungskraft.

23|26 M: I think that as long as he's not put under pressure by
Ich denke dass so‿ lange wie er_ist nicht gesetzt unter Druck durch

adults and he's really enjoying what he's doing, he should
Erwachsene und er_ist wirklich genießend was er_ist tuend, er sollte

be allowed to spend his free time like that. Playing
sein erlaubt zu verbringen seine Frei‿ Zeit so. Zu spielen

football, for instance, keeps him physically fit. And his involvement
Fußball, für Beispiel, hält ihn körperlich fit. Und sein Engagement

in the youth club teaches him to get on with others.
in dem Jugend‿ Klub lehrt ihn zu auskommen mit anderen.

23|27 J: Yes, and his piano playing helps him develop his
Ja, und sein Klavier‿ spielen hilft ihm zu entwickeln seine

musicality and also teaches him to pursue a goal to the end.
Musikalität und auch lehrt ihn zu verfolgen ein Ziel bis zu dem Ende.

23|28 M: Not only that! I was reading recently that music underpins all
Nicht nur das! Ich war lesend neulich dass Musik stärkt alle

intellectual abilities. Children who make music are better at
intellektuellen Fähigkeiten. Kinder die machen Musik sind besser bei

mathematics and grammar, they can express themselves better
Mathematik und Grammatik, sie können ausdrücken sich_selbst besser

and learn more easily!
und lernen mehr leicht!

23|29 J: Only children?
Nur Kinder?

23|30 M: No, not only. But a professor in Hamburg demonstrated it
Nein, nicht nur. Aber ein Professor in Hamburg nachwies es

first of all for children. Since then, other studies have shown that it
zunächst für Kinder. Inzwischen, andere Studien haben gezeigt dass es

also applies to adults.
auch zutrifft zu Erwachsenen.

23|31 J: Does it just apply to playing instruments?
Tut es nur zutreffen da‿ zu, zu spielen Instrumente?

23|32 M: No. It starts with ordinary singing and regular sessions of
Nein. Es anfängt mit einfachem Singen und regelmäßigen Runden von

actively listening to music. But it's particularly true of
aktivem Zuhören zu Musik. Aber es_ist besonders wahr da‿ von, zu

playing instruments. That's one reason I took up the violin again.
spielen Instrumente. Das_ist ein Grund, dass ich nahm auf die Geige wieder.

23|33 J: That's fascinating! Maybe I should retrieve that old
Das_ist faszinierend! Vielleicht ich sollte wieder_hervorholen jenes alte

keyboard from the cellar …
Keyboard aus dem Keller …

23|34 M: You play keyboard?
Sie spielen Keyboard?

23|35 J: Well, I started but then I gave it up.
Nun, ich anfing aber dann ich gab es auf.

23|36 M: I think it would be great if you started again …
Ich denke es würde sein toll wenn Sie anfingen wieder …

23|37 J: Perhaps I really shall … I'd have to buy new
Vielleicht ich wirklich werde … Ich_würde haben zu kaufen neue

sheet-music, though. The old music got lost in the move to
Noten, jedoch. Die alte Musik ging verloren in dem Umzug zu

this place. Which reminds me, I'd completely forgotten
diesem Ort. Welches erinnert mich, ich_hatte vollkommen vergessen,

I've some shopping to do …
dass ich_habe einiges Einkaufen zu tun …

23|38 M: I'd like to come with you …
Ich_würde mögen zu kommen mit Ihnen …

23|39 J: Fine … wait a minute, while I make a quick
Fein … warten Sie eine Minute, während ich mache eine schnelle

shopping list …
Einkaufs‿ Liste …

Lesson Twenty-three: Leisure time

23|01 J: Sit yourself down.

23|02 M: On the TV magazine?

23|03 J: Oh! Just put it on the table.

(…)

23|04 M: What was it you were watching before?

23|05 J: I was just watching the midday news. I don't normally watch much television, you know. I want to do something better with the little time I have for myself, after my job and looking after the flat.

23|06 M: How do you spend your free time, then?

23|07 J: Well, reading, preferably. And I like going to lectures; there's an adult education centre close by.

23|08 M: My sister is really good at needlework: making clothes, knitting pullovers and so on.

23|09 J: Oh yes, I like that as well. And I love cooking. What about you? What's your favourite hobby?

23|10 M: Well, I like reading, too. But I never have enough time to read everything I'd like to. That's why I use tapes …

23|11 J: How do you mean?

23|12 M: Well, these days you can get so many books on cassette – fiction, non-fiction, everything. And with a walkman you can listen to them anywhere you go …

23|13 J: And listening is different from reading.

23|14 M: Quite right. Information somehow comes across differently when you hear it rather than read it.

23|15 J: And you can make very good use of the traffic jams on the way to and from work.

23|16 M: The Americans, very practical as always, have virtually perfected it. They talk about the auto-university. And the average commuter has about as many teaching programmes on cassette in the car as many of us have books at home.

23|17 J: I like listening to cassettes when I'm doing the cleaning or the ironing.

23|18 M: And I like them during sport. When I come home from work in the evening, I usually do half an hour sport, to shake off the working day.

23|19 J: What sort of sport?

23|20 M: I go jogging, cycling and I play tennis.

23|21 J: I can just see you with your walkman and headphones – playing tennis …

23|22 M: I'm also learning the violin, by the way, and I like going to concerts.

23|23 J: Oh, I forgot to mention that before, when I said I went to lectures. I also like going to concerts!

23|24 M: Then we ought to look out for an interesting concert, soon. These days, it's not only your business appointments that need careful planning, leisure time projects need it too, don't you think? Especially if you want to do something together with others. It's real time management …

23|25 J: Talking of time management, you should see my nephew Bobby. As you know, he's just turned nine. When he gets home from school, he does his homework first of all. Then he usually does half an hour piano practice. After that, on Mondays, Wednesdays and Fridays, he goes off to football training. Tuesdays and Thursdays he goes to his youth club. Only on Saturdays and Sundays is he free, as it were. He's got an appointment schedule like an executive's.

23|26 M: I think that as long as he's not put under pressure by adults and he's really enjoying what he's doing, he should be allowed to spend his free time like that. Playing football, for instance, keeps him physically fit. And his involvement in the youth club teaches him to get on with others.

23|27 J: Yes, and his piano playing helps him develop his musicality and also teaches him to pursue a goal to the end.

23|28 M: Not only that! I was reading recently that music underpins all intellectual abilities. Children who make music are better at mathematics and grammar, they can express themselves better and learn more easily!

23|29 J: Only children?

23|30 M: No, not only. But a professor in Hamburg demonstrated it first of all for children. Since then, other studies have shown that it also applies to adults.

23|31 J: Does it just apply to playing instruments?

23|32 M: No. It starts with ordinary singing and regular sessions of actively listening to music. But it's particularly true of playing instruments. That's one reason I took up the violin again.

23|33 J: That's fascinating! Maybe I should retrieve that old keyboard from the cellar …

23|34 M: You play keyboard?

23|35 J: Well, I started but then I gave it up.

23|36 M: I think it would be great if you started again …

23|37 J: Perhaps I really shall … I'd have to buy new sheet-music, though. The old music got lost in the move to this place. Which reminds me, I'd completely forgotten I've some shopping to do …

23|38 M: I'd like to come with you …

23|39 J: Fine … wait a minute, while I make a quick shopping list …

Lektion 24: Eine Gedächtnishilfe (Anfang)

24|01 M: Haben Sie schon mal von der PEG-Methode gehört?

24|02 J: Wie bitte?

24|03 M: Die PEG-Methode. Gemeint ist, einen Haken zu finden, an den man Gedanken hängen kann. Es ist eine Methode zum Beispiel zum Auswendiglernen von Wörterlisten.

24|04 J: Meinen Sie, wie die Wörter auf einer Einkaufsliste?

24|05 M: Ja, oder wichtige Gedanken aller Art – wie zum Beispiel die Schlüsselwörter einer Rede.

24|06 J: Ist das noch eine von jenen Techniken wie das Memorieren von Namen oder das Fingermultiplizieren, das Sie mir schon beigebracht haben?

24|07 M: Sie haben es erfasst!

24|08 J: Wie funktioniert diese PEG-Methode denn?

24|09 M: Zuerst lernen wir die PEG-Methode selbst – also die Liste, die wir später zum Anhängen von Wörtern, an die wir uns erinnern wollen, benutzen können.

24|10 J: Ist die Liste schwer zu lernen?

24|11 M: Überhaupt nicht. Eigentlich ist es so leicht, dass ich es mithilfe der Dinge auf Ihrer Einkaufsliste demonstrieren kann. Was ist Punkt Nummer Eins auf Ihrer Liste?

24|12 J: Butter.

24|13 M: Nun, für die Zahl Eins denken wir an eine Kerze, weil die Ziffer Eins ein bisschen wie eine Kerze aussieht: schmal und aufrecht stehend. Verstehen Sie, was ich meine?

24|14 J: Natürlich!

24|15 M: Denken Sie jetzt einfach an ein Bild, ein Bild in Ihrem Geist, das die Begriffe „Butter“ und „Kerze“ kombiniert.

24|16 J: Mmmm. Wie wäre es mit einer brennenden Kerze, die einen Klumpen Butter zum Schmelzen bringt?

24|17 M: Genau. Je farbiger und lebendiger das Bild vor Ihrem geistigen Auge ist, desto stärker bleibt es in Ihrem Gedächtnis haften. Am allerbesten ist Bewegung, irgendeine Abfolge von Ereignissen, eine Handlung!

24|18 J: Wie eine Filmszene?

24|19 M: Genau. Oder bei Szenen, die schwer zu visualisieren sind, wie ein Zeichentrickfilm!

24|20 J: Ja, ich verstehe. Im Zeichentrick kann alles geschehen – sogar total verrückte Dinge.

24|21 M: Richtig. Und je merkwürdiger die kleine Szene ist, die man an sein PEG-Wort hängt, desto leichter ist sie zu erinnern.

24|22 J: Das ist sinnvoll.

24|23 M: Wenn Sie dann im Supermarkt stehen und denken „Was war Punkt Nummer Eins auf meiner Liste?“, brauchen Sie nur an die Kerze zu denken und …

24|24 J: … und ich sehe, wie sie einen Klumpen Butter zum Schmelzen bringt. Also weiß ich, dass das erste Wort auf meiner Liste Butter war. Das ist fantastisch!

24|25 M: Sie sehen, es ist sehr leicht.

24|26 J: Muss ich jedes Mal ein neues Symbol für die Zahl Eins lernen?

24|27 M: Oh nein! Das wäre kontraproduktiv! Sie können die Kerze als Symbol für die Zahl Eins immer wieder benutzen.

24|28 J: Weil die Kerze zu meiner PEG-Liste gehört und weil ich diese Liste als Haken benutze, an die ich die Wörter hänge, an die ich mich erinnern will?

24|29 M: Richtig. Sie hängen das Wort, an das Sie sich erinnern wollen, an ein Objekt, das die Zahl auf Ihrer Liste symbolisiert, genauso wie Sie ein Kleidungsstück an einen Haken hängen. Deshalb wird es PEG-Methode genannt.

24|30 J: Haben Sie das erfunden?

24|31 M: Oh nein! Das ist klassisches Gedächtnistraining. Seine Wurzeln gehen in die Antike zurück.

24|32 J: Also kannten es schon die Griechen …

24|33 M: … und die alten Römer auch – genau!

24|34 J: Machen wir dann weiter. Als Nächstes sind Eier auf meiner Liste.

24|35 M: Nun, die Ziffer Zwei sieht ein bisschen wie ein Schwan aus …

24|36 J: Mmmm, also stelle ich mir vor meinem geistigen Auge einen Schwan vor, der mit seinem Schnabel an einem Ei pickt, was mir die Assoziation zwischen Zwei und Ei gibt.

24|37 M: Darf ich Sie noch mal erinnern: Je farbiger, verrückter, lächerlicher oder aufregender die Handlung ist, desto leichter erinnern Sie sich an die Assoziation.

24|38 J: Richtig – und ein Schwan, der nur schnell an dem Ei pickt, ist nicht furchtbar aufregend als Bild zum Erinnern, nicht wahr?

24|39 M: Das hängt natürlich von dem genauen Bild ab, das Sie in jenem Moment sehen, aber die Szene könnte ein bisschen langweilig sein …

24|40 J: Ich verstehe, was Sie meinen … Mmmm … Okay! Der Schwan pickt an dem Ei, das aufbricht, und heraus fallen mehr Eier. Ich will nämlich eine Schachtel Eier kaufen, nicht nur eines.

24|41 M: Hervorragend. Jetzt haben Sie nicht nur ein absurdes, leicht zu erinnerndes Element in das Bild eingebaut, sondern Sie haben das Bild auch näher an das herangebracht, an das Sie sich eigentlich erinnern wollen. Toll!

24|42 J: Das macht Spaß!

24|43 M: Immer, wenn wir auf gehirn-gerechte Weise vorgehen, ist das, was wir tun, leicht und macht auch Spaß!

24|44 J: Das können Sie laut sagen.

Dekodierte Fassung

Lesson Twenty-four: A memory aid (Start)
Lektion Vierundzwanzig: Eine Gedächtnis‿ Hilfe (Anfang)

24|01 M: Have you ever heard of the PEG method?
Haben Sie jemals gehört von der PEG-‿ Methode?

24|02 J: Sorry?
Wie_bitte?

24|03 M: The PEG method. It means finding a peg that you can
Die PEG-‿ Methode. Es meint, zu finden einen Haken den man kann

hang thoughts on. It's a method for learning lists
hängen Gedanken an. Es_ist eine Methode da‿ für, zu lernen Listen

of words off by heart, for instance.
von Wörtern auswendig, für Beispiel.

24|04 J: Like the words in a shopping list, you mean?
Wie die Wörter in einer Einkaufs‿ Liste, Sie meinen?

24|05 M: Yes, or important thoughts of some kind – like the
Ja, oder wichtige Gedanken von irgendeiner Art – wie die

key words in a speech, for example.
Schlüssel‿ Wörter in einer Rede, für Beispiel.

24|06 J: Is this another one of those techniques like memorizing names
Ist dies eine_weitere eine von jenen Techniken wie Memorieren Namen

or multiplying on your fingers, that you've already taught me?
oder Multiplizieren auf Ihren Fingern, das Sie_haben schon beigebracht mir?

24|07 M: You've got it!
Sie_haben erfasst es!

24|08 J: How does this PEG method work, then?
Wie tut diese PEG-‿ Methode funktionieren, denn?

24|09 M: First, let's learn the PEG method itself – meaning
Zuerst, lassen_Sie_uns lernen die PEG-‿ Methode sie_selbst – meinend

the list we can later use to hang words
die Liste, die wir können später benutzen zu anhängen Wörter, an

we want to remember.
die wir wünschen zu erinnern uns.

24|10 J: Is the list difficult to learn?
Ist die Liste schwer zu lernen?

24|11 M: Not at all. In fact, it's so easy that I can
Nicht überhaupt. Eigentlich, es_ist so leicht dass ich kann

demonstrate it with the help of the things on your shopping
demonstrieren es mit der Hilfe von den Dingen auf Ihrer Einkaufs‿

list. What's item number one on your list?
Liste. Was_ist Punkt Nummer Eins auf Ihrer Liste?

24|12 J: Butter.
Butter.

24|13 M: Right, for number one let's think of a candle
Nun, für die Zahl Eins lassen_Sie_uns denken von einer Kerze

because the figure one looks a bit like a candle: narrow
weil die Ziffer Eins aussieht ein bisschen wie eine Kerze: schmal

and upright, see what I mean?
und aufrecht stehend, sehen Sie was ich meine?

24|14 J: Of course!
Natürlich!

24|15 M: Now just think of an image, a picture in your
Jetzt einfach denken Sie von einem Bild, einem Bild in Ihrem

mind, which combines the ideas of “butter” and “candle”.
Geist, welches kombiniert die Begriffe von „Butter“ und „Kerze“.

24|16 J: Mmmm. What about a burning candle, which is melting a
Mmmm. Was über eine brennende Kerze, welche ist schmelzend einen

lump of butter?
Klumpen von Butter?

24|17 M: Exactly. The more colourful and lively the image in your mind’s
Genau. Je mehr farbig und lebendig das Bild in Ihres Geistes

eye, the more firmly it will stick in your memory.
Auge, desto mehr stark es wird haften in Ihrem Gedächtnis. Am

Best of all is movement, some sequence of events, action!
allerbesten ist Bewegung, irgendeine Abfolge von Ereignissen, eine Handlung!

24|18 J: Like a film scene?
Wie eine Film‿ Szene?

24|19 M: Exactly. Or in the case of scenes that are difficult to
Genau. Oder in dem Fall von Szenen die sind schwer zu

visualize, like a cartoon film!
visualisieren, wie ein Zeichentrick‿ Film!

24|20 J: Yes, I see. In a cartoon anything can happen – even
Ja, ich sehe. In einem Zeichentrick alles kann geschehen – sogar

totally crazy things.
total verrückte Dinge.

24|21 M: Right. And the odder the little scene which you hang on
Richtig. Und je merkwürdiger die kleine Szene welche man hängt an

your PEG word, the easier it is to remember.
sein PEG-‿ Wort, desto leichter sie ist zu erinnern.

24|22 J: Makes sense.
Macht Sinn.

24|23 M: Then when you're standing in the supermarket and thinking "What
Dann wenn Sie_sind stehend in dem Supermarkt und denkend „Was

was item number one on my list?", you just need to
war Punkt Nummer Eins auf meiner Liste?", Sie nur brauchen zu

think of the candle and …
denken von der Kerze und …

24|24 J: … and I see it melting a lump of butter. So I
… und ich sehe sie schmelzend einen Klumpen von Butter. Also ich

know that the first word on my list was butter. That's fantastic!
weiß dass das erste Wort auf meiner Liste war Butter. Das_ist fantastisch!

24|25 M: See, it's very easy.
Sehen Sie, es_ist sehr leicht.

24|26 J: Do I need to learn a new symbol for number one
Tue ich brauchen zu lernen ein neues Symbol für die Zahl Eins

every time?
jedes Mal?

24|27 M: Oh no! That would be counter-productive! You can use the
Oh nein! Das würde sein kontraproduktiv! Sie können benutzen die

candle as the symbol for number one over and over again.
Kerze als das Symbol für die Zahl Eins immer_wieder.

24|28 J: Because the candle belongs to my PEG list and because I
Weil die Kerze gehört zu meiner PEG-‿ Liste und weil ich

use this list as pegs on which to hang the words
benutze diese Liste als Haken an welche zu hängen die Wörter, an

I want to remember?
die ich wünsche zu erinnern mich?

24|29 M: Right. You hang the word you want to remember
Richtig. Sie hängen das Wort, an das Sie wünschen zu erinnern

on an object which symbolizes the number on your list,
sich, an ein Objekt welches symbolisiert die Zahl auf Ihrer Liste,

just as you hang a piece of clothing on a peg.
genauso wie Sie hängen ein Stück von Kleidung an einen Haken.

Which is why it's called the PEG method.
Deshalb es_ist genannt die PEG-‿ Methode.

24|30 J: Did you invent it?
Taten Sie erfinden es?

24|31 M: Oh no! It's classic memory training. Its roots go
Oh nein! Es_ist klassisches Gedächtnis‿ Training. Seine Wurzeln gehen

back into antiquity.
zurück in die Antike.

24|32 J: So the Greeks also had a word for it …
Also die Griechen auch hatten ein Wort dafür …

24|33 M: … and the ancient Romans, too – exactly!
… und die alten Römer, auch – genau!

24|34 J: Let's carry on then. Next on my list is eggs.
Lassen_Sie_uns weitermachen dann. Als Nächstes auf meiner Liste ist Eier.

24|35 M: Now, the figure two looks a bit like a swan …
Nun, die Ziffer Zwei aussieht ein bisschen wie ein Schwan …

24|36 J: Mmmm, so I imagine in my mind's eye a swan,
Mmmm, also ich vorstelle mir in meines Geistes Auge einen Schwan,

which is pecking at an egg with its beak, giving me
welcher ist pickend an einem Ei mit seinem Schnabel, gebend mir

the association between two and egg.
die Assoziation zwischen Zwei und Ei.

24|37 M: Let me just remind you that the more colourful, crazy,
Lassen Sie mich eben erinnern Sie dass je mehr farbig, verrückt,

ridiculous or exciting the action is, the easier it is to
lächerlich oder aufregend die Handlung ist, desto leichter es ist zu

remember the association.
erinnern die Assoziation.

24|38 J: Right – and a swan that's just taking a quick peck
Richtig – und ein Schwan der_ist nur nehmend einen schnellen Picker

at the egg is not terribly exciting as an image to remember, is it?
an dem Ei ist nicht furchtbar aufregend als ein Bild zu erinnern, ist er?

24|39 M: That depends, of course, on the precise image you see at
Das abhängt, natürlich, auf dem genauen Bild, das Sie sehen an

that moment, but the scene could be a bit boring …
jenem Moment, aber die Szene könnte sein ein bisschen langweilig …

24|40 J: I see what you mean … Mmmm … Okay! The swan pecks
Ich sehe was Sie meinen … Mmmm … Okay! Der Schwan pickt

at the egg, which breaks open, and out fall more eggs. I
an dem Ei, welches bricht auf, und heraus fallen mehr Eier. Ich

want to buy a box of eggs, you see, not just one.
wünsche zu kaufen eine Schachtel von Eiern, Sie sehen, nicht nur eines.

24|41 M: Excellent. Now you've not only introduced an absurd
Hervorragend. Jetzt Sie_haben nicht nur eingebaut ein absurdes

element into the image, which is easy to remember, you've also
Element in das Bild, welches ist leicht zu erinnern, Sie_haben auch

made the image closer to what you actually want to
gemacht das Bild näher da‿ zu, an was Sie eigentlich wünschen zu

remember. Great!
erinnern sich. Toll!

24|42 J: It's fun, this!
Es_ist Spaß, dies!

24|43 M: Whenever we proceed in a brain-friendly manner, what we
Wann_immer wir vorgehen in einer gehirn-gerechten Weise, was wir

do is easy and it's fun as well!
tun ist leicht und es_ist Spaß auch!

24|44 J: You can say that again.
Sie können sagen das wieder.

Englische Fassung

Lesson Twenty-four: A memory aid (Start)

24|01 M: Have you ever heard of the PEG method?
24|02 J: Sorry?
24|03 M: The PEG method. It means finding a peg that you can hang thoughts on. It's a method for learning lists of words off by heart, for instance.
24|04 J: Like the words in a shopping list, you mean?
24|05 M: Yes, or important thoughts of some kind – like the key words in a speech, for example.
24|06 J: Is this another one of those techniques like memorizing names or multiplying on your fingers, that you've already taught me?
24|07 M: You've got it!

24|08 J: How does this PEG method work, then?

24|09 M: First, let's learn the PEG method itself – meaning the list we can later use to hang words we want to remember.

24|10 J: Is the list difficult to learn?

24|11 M: Not at all. In fact, it's so easy that I can demonstrate it with the help of the things on your shopping list. What's item number one on your list?

24|12 J: Butter.

24|13 M: Right, for number one let's think of a candle because the figure one looks a bit like a candle: narrow and upright, see what I mean?

24|14 J: Of course!

24|15 M: Now just think of an image, a picture in your mind, which combines the ideas of "butter" and "candle".

24|16 J: Mmmm. What about a burning candle, which is melting a lump of butter?

24|17 M: Exactly. The more colourful and lively the image in your mind's eye, the more firmly it will stick in your memory. Best of all is movement, some sequence of events, action!

24|18 J: Like a film scene?

24|19 M: Exactly. Or in the case of scenes that are difficult to visualize, like a cartoon film!

24|20 J: Yes, I see. In a cartoon anything can happen – even totally crazy things.

24|21 M: Right. And the odder the little scene which you hang on your PEG word, the easier it is to remember.

24|22 J: Makes sense.

24|23 M: Then when you're standing in the supermarket and thinking "What was item number one on my list?", you just need to think of the candle and …

24|24 J: … and I see it melting a lump of butter. So I know that the first word on my list was butter. That's fantastic!

24|25 M: See, it's very easy.

24|26 J: Do I need to learn a new symbol for number one every time?

24|27 M: Oh no! That would be counter-productive! You can use the candle as the symbol for number one over and over again.

24|28 J: Because the candle belongs to my PEG list and because I use this list as pegs on which to hang the words I want to remember?

24|29 M: Right. You hang the word you want to remember on an object which symbolizes the number on your list, just as you hang a piece of clothing on a peg. Which is why it's called the PEG method.

24|30 J: Did you invent it?

24|31 M: Oh no! It's classic memory training. Its roots go back into antiquity.

24|32 J: So the Greeks also had a word for it …

24|33 M: … and the ancient Romans, too – exactly!

24|34 J: Let's carry on then. Next on my list is eggs.

24|35 M: Now, the figure two looks a bit like a swan …

24|36 J: Mmmm, so I imagine in my mind's eye a swan, which is pecking at an egg with its beak, giving me the association between two and egg.

24|37 M: Let me just remind you that the more colourful, crazy, ridiculous or exciting the action is, the easier it is to remember the association.

24|38 J: Right – and a swan that's just taking a quick peck at the egg is not terribly exciting as an image to remember, is it?

24|39 M: That depends, of course, on the precise image you see at that moment, but the scene could be a bit boring …

24|40 J: I see what you mean … Mmmm … Okay! The swan pecks at the egg, which breaks open, and out fall more eggs. I want to buy a box of eggs, you see, not just one.

24|41 M: Excellent. Now you've not only introduced an absurd element into the image, which is easy to remember, you've also made the image closer to what you actually want to remember. Great!

24|42 J: It's fun, this!

24|43 M: Whenever we proceed in a brain-friendly manner, what we do is easy and it's fun as well!

24|44 J: You can say that again.

Lektion 25: Eine Gedächtnishilfe (Fortsetzung)

25|01 J: Das Dritte, was ich brauche, ist Milch. Mit was assoziieren Sie die Ziffer Drei bei der PEG-Methode?

25|02 M: Ja, nun, aahm, wenn man die Ziffer Drei um 90 Grad dreht, dann sieht das, was man bekommt, so ziemlich aus wie bei einer Frau …

25|03 J: Oh, ich verstehe. Was man bekommt, sieht wie weibliche Brüste aus.

25|04 M: Nun, das Wichtige an der PEG-Methode ist, dass man die PEG-Wörter selbst wählen kann. Die offizielle Empfehlung für die Ziffer Drei ist der Dreizack, den Neptun benutzt und als Speer einsetzt. Aber jene Idee hat mir nie wirklich zugesagt.

25|05 J: Ich müsste laufend alle möglichen Dinge auf den Zacken des Dreizacks aufspießen – nein, das würde mir auch nicht zusagen.

25|06 M: Wählen Sie ein Wort, das Sie mögen, für die Ziffer Drei …

25|07 J: Ich denke, ich würde eine Pyramide nehmen, aufgrund der dreieckigen Gestalt.

25|08 M: Fein. Und wie assoziieren Sie jetzt Milch mit Pyramiden?

25|09 J: Es sollte so ungewöhnlich wie möglich sein … okay, ich hab's!

25|10 M: Sie haben so ein schelmisches Lächeln im Gesicht.

25|11 J: Ja, ich habe gerade an etwas gedacht. Es war Teil einer Urlaubsreise – ich muss ungefähr dreizehn gewesen sein – und wir verbrachten einige Tage auf einem Bauernhof. Und der junge Bauer zeigte mir, wie man eine Kuh melkt. Er war sehr nett …

25|12 M: Oh … verstehe.

25|13 J: Nun, seither denke ich bei Milch automatisch an eine Kuh. Es ist genau wie bei Ihren PEG-Wörtern!

25|14 M: Weil Kuh und Milch in Ihrem Gedächtnis miteinander verbunden wurden …

25|15 J: Nicht zu vergessen den netten jungen Bauern …

25|16 M: Natürlich nicht! Ihn wollen wir wirklich nicht vergessen!

25|17 J: Wenn ich jetzt so darüber nachdenke, habe ich eine Menge Erinnerungen an der Kuh festgemacht. Außer dem jungen Bauern kann ich mich an die Gebäude erinnern, das Abendessen und den großen Tisch in der Küche, die Pferde – es war das erste Mal in meinem Leben, dass ich auf einem Pferderücken saß, und zwar ohne Sattel – eine ganze Flut von Erinnerungen stürzt auf mich ein.

25|18 M: Sie sehen, wie leicht es ist, unsere Erinnerungen anzuzapfen, wenn wir es auf gehirn-gerechte Art angehen. Und Assoziationen zwischen mindestens zwei Dingen oder Ideen herzustellen, ist einer der Pfeiler von leichtem Lernen, der es später leicht macht, Dinge abzurufen.

25|19 J: Ja, ich verstehe das. Aber jetzt muss ich die Pyramide mit der Milch verbinden … nur einen Moment … ja, natürlich! Ich sehe eine Pyramide, auf die eine Kuh klettert, weil die Kuh für mich automatisch Milch bedeutet. Ist das in Ordnung?

25|20 M: Alles ist in Ordnung, solange es funktioniert! Wenn ich die Milch mit der Pyramide verbinden würde, könnte ich mir vorstellen, dass ich an die Pyramiden in Gizeh denken würde und sich dann die Schleusen des Himmels öffnen würden und Milch herabregnen würde …

25|21 J: Aber wir beide wissen, dass Ihre Assoziation für den dritten Punkt auf einer Liste keine Pyramide ist …

25|22 M: Nun, es ist nun mal so, dass für die meisten Menschen sexuelle Assoziationen hervorragende Hilfen beim Prozess des Erinnerns sind.

25|23 J: Gilt das wirklich allgemein oder nur für Sie?

25|24 M: Nein, allgemein. Zahlreiche Studien haben es zweifelsfrei nachgewiesen.

25|25 J: Obwohl ich mir vorstellen kann, dass die Testpersonen meistens Männer waren.

25|26 M: Warum?

25|27 J: Weil Männer im Allgemeinen öfter an Sex denken als Frauen. Sie erzählen mehr Sexwitze und antworten öfter auf Inserate, die sexuelle Szenen oder Symbole enthalten. Auch dazu gab es eine Fülle von Studien.

25|28 M: Ich denke, da ist etwas dran …

Dekodierte Fassung

Lesson Twenty-five: A memory aid (Continuation)
Lektion Fünfundzwanzig: Eine Gedächtnis‿ Hilfe (Fortsetzung)

25|01 J: The third thing I need is milk. What do you associate
Das dritte Ding, das ich brauche ist Milch. Was tun Sie assoziieren

the figure three with in the PEG method?
die Ziffer Drei mit in der PEG-‿ Methode?

25|02 M: Yes, well, aahm, if you turn the figure three round 90 degrees,
Ja, nun, aahm, wenn man dreht die Ziffer Drei um 90 Grad,

then what you get looks rather like a woman's …
dann das, was man bekommt aussieht ziemlich wie einer Frau …

25|03 J: Oh, I see. What you get looks like female breasts.
Oh, ich sehe. Was man bekommt aussieht wie weibliche Brüste.

25|04 M: Well, the important thing about the PEG method is that you can
Nun, das wichtige Ding über die PEG-‿ Methode ist dass man kann

choose the PEG words yourself. The official recommendation for
wählen die PEG-‿ Wörter sich_selbst. Die offizielle Empfehlung für

the figure three is the trident which Neptune used to wield
die Ziffer Drei ist der Dreizack welchen Neptun benutzt zu einsetzen

as a spear. But that idea never really appealed to me.
als einen Speer. Aber jene Idee nie wirklich zusagte zu mir.

25|05 J: I'd have to keep spearing all sorts of things
Ich_würde haben zu beibehalten aufzuspießen alle Arten von Dingen

on the trident's prongs – no, that wouldn't appeal to me
auf des Dreizacks Zacken – nein, das würde_nicht zusagen zu mir

either.
auch_nicht.

25|06 M: Choose a word for the figure three that you like …
Wählen Sie ein Wort für die Ziffer Drei das Sie mögen …

25|07 J: I think I’d go for a pyramid, because of the
Ich denke ich_würde gehen für eine Pyramide, aufgrund von der

triangular shape.
dreieckigen Gestalt.

25|08 M: Fine. And now how do you associate milk with pyramids?
Fein. Und jetzt wie tun Sie assoziieren Milch mit Pyramiden?

25|09 J: It should be as unusual as possible … right, I’ve
Es sollte sein so ungewöhnlich wie möglich … okay, ich_habe

got it!
bekommen es!

25|10 M: You’ve got such a roguish smile on your face.
Sie_haben bekommen solch ein schelmisches Lächeln auf Ihrem Gesicht.

25|11 J: Yes, I’ve just thought of something. It was part of a
Ja, ich_habe gerade gedacht von etwas. Es war Teil von einer

holiday trip – I must have been about thirteen – and
Urlaubs‿ Reise – ich muss haben gewesen ungefähr dreizehn – und

we spent some days on a farm. And the young
wir verbrachten einige Tage auf einem Bauernhof. Und der junge

farmer showed me how to milk a cow. He was very nice …
Bauer zeigte mir wie zu melken eine Kuh. Er war sehr nett …

25|12 M: Oh … I see.
Oh … ich sehe.

25|13 J: Well, ever since, with milk I automatically think of a cow.
Nun, seither, bei Milch ich automatisch denke von einer Kuh.

It’s just like your PEG words!
Es_ist genau wie Ihre PEG-‿ Wörter!

25|14 M: Because a cow and milk were linked together in your
Weil eine Kuh und Milch waren verbunden miteinander in Ihrem

memory …
Gedächtnis …

25|15 J: Not forgetting the nice young farmer …
Nicht vergessend den netten jungen Bauern …

25|16 M: No, of course! We certainly don’t want to forget him!
Nein, natürlich! Wir wirklich tun_nicht wünschen zu vergessen ihn!

25|17 J: Now I come to think about it, I’ve a lot
Jetzt, wenn ich komme zu nachdenken darüber, ich_habe eine Menge

of memories attached to the cow. Apart from the
von Erinnerungen festgemacht an der Kuh. Abgesehen von dem

young farmer, I can remember the buildings, the evening
jungen Bauern, ich kann erinnern mich an die Gebäude, die Abend‿

meals and the big table in the kitchen, the horses – that was
Essen und den großen Tisch in der Küche, die Pferde – das war

the first time in my life I was ever on
das erste Mal in meinem Leben, dass ich war jemals auf einem

horseback, and without a saddle – a whole flood of
Pferderücken, und ohne einen Sattel – eine ganze Flut von

memories comes rushing back to me!
Erinnerungen kommt stürzend zurück zu mir!

25|18 M: You see how easy it is to tap our memories, if
Sie sehen wie leicht es ist zu anzapfen unsere Erinnerungen, wenn

we go about it in a brain-friendly way. And making
wir angehen es in einer gehirn-gerechten Art. Und zu machen

associations between at least two things or ideas is one of
Assoziationen zwischen mindestens zwei Dingen oder Ideen ist einer von

the pillars of easy learning, which makes recalling things
den Pfeilern von leichtem Lernen, welcher macht abzurufen Dinge

later easy.
später leicht.

25|19 J: Yes, I can see that. But now I have to link the
Ja, ich kann sehen das. Aber jetzt ich habe zu verbinden die

pyramid with milk … just a minute … yes, of course! I see
Pyramide mit Milch … nur eine Minute … ja, natürlich! Ich sehe

a pyramid which a cow is climbing, because the cow
eine Pyramide auf welche eine Kuh ist kletternd, weil die Kuh

automatically means milk for me. Is that alright?
automatisch bedeutet Milch für mich. Ist das in_Ordnung?

25|20 M: Everything's alright, as long as it works! If I
Alles_ist in_Ordnung, so‿ lange wie es funktioniert! Wenn ich

were to link milk with the pyramid, I could imagine
sollte verbinden Milch mit der Pyramide, ich könnte vorstellen mir,

that I'd think of the pyramids in Gizeh and then the
dass ich_würde denken von den Pyramiden in Gizeh und dann die

floodgates of heaven would open and milk would
Schleusen von dem Himmel würden öffnen sich und Milch würde

come raining down …
kommen regnend herunter …

25|21 J: But we both know that your association for the third item in
Aber wir beide wissen dass Ihre Assoziation für den dritten Punkt in

a list is not a pyramid …
einer Liste ist nicht eine Pyramide …

25|22 M: Well, it's true that for most people sexual associations
Nun, es_ist wahr dass für die meisten Menschen sexuelle Assoziationen

are excellent aids to the process of remembering.
sind hervorragende Hilfen bei dem Prozess von Erinnern.

25|23 J: Is that really true in general, or just for you?
Ist das wirklich wahr im Allgemeinen, oder nur für Sie?

25|24 M: No, in general. Countless studies have demonstrated it beyond doubt.
Nein, im Allgemeinen. Zahlreiche Studien haben nachgewiesen es zweifelsfrei.

25|25 J: Though I can imagine that the people being tested were
Obwohl ich kann vorstellen mir dass die Testpersonen waren

more often than not men.
meistens Männer.

25|26 M: Why's that?
Warum_ist das?

25|27 J: Because men in general think about sex more often than
Weil Männer im Allgemeinen denken über Sex mehr oft als

women. They tell more sexy jokes and respond more often to
Frauen. Sie erzählen mehr Sex‿ Witze und antworten mehr oft zu

advertisements containing sexual scenes or symbols. There've
Inseraten enthaltend sexuelle Szenen oder Symbole. Da_haben[7]

been plenty of studies of this, too.
gewesen eine Fülle von Studien davon, auch.

25|28 M: I think there's something in that …
Ich denke da_ist etwas darin …

Englische Fassung

Lesson Twenty-five: A memory aid (Continuation)

25|01 J: The third thing I need is milk. What do you associate the figure three with in the PEG method?

25|02 M: Yes, well, aahm, if you turn the figure three round 90 degrees, then what you get looks rather like a woman's …

25|03 J: Oh, I see. What you get looks like female breasts.

25|04 M: Well, the important thing about the PEG method is that you can choose the PEG words yourself. The official recommendation for the figure three is the trident which Neptune used to wield as a spear. But that idea never really appealed to me.

25|05 J: I'd have to keep spearing all sorts of things on the trident's prongs – no, that wouldn't appeal to me either.

25|06 M: Choose a word for the figure three that you like …

25|07 J: I think I'd go for a pyramid, because of the triangular shape.

25|08 M: Fine. And now how do you associate milk with pyramids?

25|09 J: It should be as unusual as possible … right, I've got it!

25|10 M: You've got such a roguish smile on your face.

25|11 J: Yes, I've just thought of something. It was part of a holiday trip – I must have been about thirteen – and we spent some days on a farm. And the young farmer showed me how to milk a cow. He was very nice …

25|12 M: Oh … I see.

25|13 J: Well, ever since, with milk I automatically think of a cow. It's just like your PEG words!

25|14 M: Because a cow and milk were linked together in your memory …

25|15 J: Not forgetting the nice young farmer …

25|16 M: No, of course! We certainly don't want to forget him!

25|17 J: Now I come to think about it, I've a lot of memories attached to the cow. Apart from the young farmer, I can remember the buildings, the evening meals and the big table in the kitchen, the horses – that was the first time in my life I was ever on horseback, and without a saddle – a whole flood of memories comes rushing back to me!

25|18 M: You see how easy it is to tap our memories, if we go about it in a brain-friendly way. And making associations between at least two things or ideas is one of the pillars of easy learning, which makes recalling things later easy.

7 Anstatt „ich bin gewesen", „du bist geschwommen" u.ä. sagt man im Englischen „ich habe gewesen", „du hast geschwommen" usw.

25|19 J: Yes, I can see that. But now I have to link the pyramid with milk … just a minute … yes, of course! I see a pyramid which a cow is climbing, because the cow automatically means milk for me. Is that alright?

25|20 M: Everything's alright, as long as it works! If I were to link milk with the pyramid, I could imagine that I'd think of the pyramids in Gizeh and then the floodgates of heaven would open and milk would come raining down …

25|21 J: But we both know that your association for the third item in a list is not a pyramid …

25|22 M: Well, it's true that for most people sexual associations are excellent aids to the process of remembering.

25|23 J: Is that really true in general, or just for you?

25|24 M: No, in general. Countless studies have demonstrated it beyond doubt.

25|25 J: Though I can imagine that the people being tested were more often than not men.

25|26 M: Why's that?

25|27 J: Because men in general think about sex more often than women. They tell more sexy jokes and respond more often to advertisements containing sexual scenes or symbols. There've been plenty of studies of this, too.

25|28 M: I think there's something in that …

Lektion 26: Eine Gedächtnishilfe (Ende)

26|01 J: Ich habe in den vergangenen Monaten eine Menge Zeit damit verbracht, mich eingehend damit zu beschäftigen, und habe immer wieder gesehen, wie Männer und Frauen oft verschieden reagieren.

26|02 M: Ist das schlimm?

26|03 J: Im Gegenteil! Ich finde es faszinierend!

26|04 M: Könnten Sie ein gutes Buch zu dem Thema empfehlen?

26|05 J: Etliche! Aber momentan würde ich mich lieber auf meine Einkaufsliste konzentrieren.

26|06 M: Natürlich. Erinnern Sie sich noch an die ersten drei Punkte?

26|07 J: Mal sehen … Der erste war Butter, der zweite … ahem … oh ja, die Eier. Und der dritte ist die Milch!

26|08 M: Sehr gut.

26|09 J: Es ist wirklich leicht.

26|10 M: Ich schlage vor, dass Sie sich die Assoziationen für die nächsten zwei Zahlen der PEG-Methode jetzt selbst ausdenken. Und danach können wir Assoziationen zwischen ihnen und den anderen Punkten auf der Einkaufsliste suchen.

26|11 J: Einverstanden.

26|12 M: Was fällt Ihnen zu den Ziffern Vier und Fünf ein?

26|13 J: Ich denke, eine Vier ist wie … eine Jacht in voller Fahrt. Und eine Fünf erinnert mich an eine Hand: fünf Finger! Ist es das, was die offizielle PEG-Methode sagt?

26|14 M: Die Listen, die ich kenne, unterscheiden sich, wenn es um die Vier geht. Die Vier kann zum Beispiel durch ein vierblättriges Kleeblatt dargestellt werden …

26|15 J: Oh ja, ein Symbol des Glücks.

26|16 M: Die Fünf andererseits kann ein Angelhaken sein …

26|17 J: Noch ein spitzes Ding wie Neptuns Dreizack vorhin.

26|18 M: Genau. Die Fünf kann aber auch mit einer Hand oder einem Handschuh assoziiert werden.

26|19 J: Das ist mehr oder weniger die offensichtliche Wahl. Und ich würde sowieso lieber an eine Hand denken als an einen Angelhaken …

26|20 M: … wohingegen ein leidenschaftlicher Angler wahrscheinlich lieber an sein Hobby denken würde.

26|21 J: Was wieder zeigt, dass man die PEG-Liste entsprechend seinen eigenen Vorlieben zusammenstellen sollte.

26|22 M: Richtig. Also, für die Vier haben Sie …

26|23 J: … die Jacht und für die Fünf die Hand.

26|24 M: Was wollen Sie sonst noch kaufen? Was soll mit der Vier assoziiert werden?

26|25 J: Würste. Ich visualisiere also vor meinem geistigen Auge ein Segelboot, das über und über mit Würsten beladen ist.

26|26 M: Super. Und was wollen Sie sonst noch kaufen?

26|27 J: Toilettenpapier, das mit der Fünf verbunden werden muss … mmmmh …

26|28 M: Unser Angler könnte sich wohl vorstellen, wie enttäuscht er wäre, wenn er aus einem Teich anstatt eines Fisches eine Rolle durchnässten Toilettenpapiers angeln würde.

26|29 J: Das ist gut. Aber ich will das Toilettenpapier mit dem Bild einer Hand assoziieren …

26|30 M: Nun?

26|31 J: Ich denke nicht, dass ich in Details gehen sollte!

26|32 M: Jane, jetzt haben Sie wirklich meine Neugier geweckt!

26|33 J: Nun, ich dachte an die Art von Menschen, die immer Toilettenpapier in ihrem Auto haben und dann Parkplätze nutzen, um in die Büsche zu gehen, anstatt eine Toilette zu suchen …

26|34 M: Und dann haben Sie sich vorgestellt, wie es wäre, wenn sie kein Toilettenpapier haben …

26|35 J: Das Bild ist wirklich ziemlich gemein.

26|36 M: Ja, aber was immer Ihnen hilft, die Informationen mit den PEG-Wörtern zu verbinden, ist vollkommen in Ordnung. Normalerweise erzählt man nicht jedem, was seine Assoziationen sind!

26|37 J: Sie haben recht. Und wie Sie sagten: Je verrückter das Bild …

26|38 M: … desto größer der Gedächtniseffekt. Genau!

26|39 J: Mit dieser Methode brauche ich nie eine Einkaufsliste in der Hand zu haben, wenn ich durch den Supermarkt hetze.

26|40 M: Und wir können gleich einkaufen gehen!
(Mike und Jane ziehen ihre Mäntel an und verlassen die Wohnung.)

Dekodierte Fassung

Lesson Twenty-six: A memory aid (End)
Lektion Sechsundzwanzig: Eine Gedächtnis‿ Hilfe (Ende)

26|01 J: I've spent a lot of time in recent months
Ich_habe verbracht eine Menge von Zeit in den vergangenen Monaten

going into this in depth and have seen
damit, zu gehen dahinein in der Tiefe und habe gesehen

again and again how men and women often react differently.
immer_wieder wie Männer und Frauen oft reagieren verschieden.

26|02 M: Is that bad?
Ist das schlimm?

26|03 J: On the contrary! I find it fascinating!
Auf dem Gegenteil! Ich finde es faszinierend!

26|04 M: Could you recommend a good book on the subject?
Könnten Sie empfehlen ein gutes Buch auf das Thema?

26|05 J: Quite a few! But at the moment I'd rather concentrate on
Etliche! Aber momentan ich_würde lieber konzentrieren mich auf

my shopping list.
meine Einkaufs‿ Liste.

26|06 M: Of course. Do you still remember the first three items?
Natürlich. Tun Sie noch erinnern sich an die ersten drei Punkte?

26|07 J: Let's see … First was butter, second … ahem
Lassen_Sie_uns sehen … Der erste war Butter, der zweite … ahem

… oh yes, the eggs. And third is milk!
… oh ja, die Eier. Und der dritte ist Milch!

26|08 M: Very good.
Sehr gut.

26|09 J: It's really easy.
Es_ist wirklich leicht.

26|10 M: I suggest that you now think up the associations for the
Ich vorschlage dass Sie jetzt ausdenken sich die Assoziationen für die

next two numbers in the PEG method yourself. And after that
nächsten zwei Zahlen in der PEG-‿ Methode Sie_selbst. Und danach

we can look for associations between them and the other
wir können suchen Assoziationen zwischen ihnen und den anderen

items in the shopping list.
Punkten in der Einkaufs‿ Liste.

26|11 J: Agreed.
Einverstanden.

26|12 M: What occurs to you for the figures four and five?
Was einfällt zu Ihnen für die Ziffern Vier und Fünf?

26|13 J: A four, I think, is like … a yacht in full sail. And
Eine Vier, ich denke, ist wie … eine Jacht in vollem Segel. Und

a five reminds me of a hand: five fingers! Is that
eine Fünf erinnert mich von einer Hand: fünf Finger! Ist das das,

what the official PEG method says?
was die offizielle PEG-‿ Methode sagt?

26|14 M: The lists that I know differ when it comes to the
Die Listen die ich kenne unterscheiden sich wenn es kommt zu der

four. Four can be represented, for example, by a
Vier. Die Vier kann sein dargestellt, für Beispiel, durch ein

four-leaved clover …
vierblättriges Kleeblatt …

26|15 J: Oh yes, a symbol of good luck.
Oh ja, ein Symbol von gutem Glück.

26|16 M: Five, on the other hand, can be a fishhook …
Die Fünf, andererseits, kann sein ein Angelhaken …

26|17 J: Another pointed thing, like Neptune's trident earlier.
Ein_weiteres spitzes Ding, wie Neptuns Dreizack vorhin.

26|18 M: Exactly. But the five can also be associated with a hand
Genau. Aber die Fünf kann auch sein assoziiert mit einer Hand

or with a glove.
oder mit einem Handschuh.

26|19 J: That's more or less the obvious choice. And anyway
Das_ist mehr oder weniger die offensichtliche Wahl. Und sowieso

I'd rather think about a hand than about a fishhook …
ich_würde lieber denken über eine Hand als über einen Angelhaken …

26|20 M: … whereas a keen angler would probably
… wohingegen ein leidenschaftlicher Angler würde wahrscheinlich

prefer to think of his hobby.
bevorzugen zu denken von seinem Hobby.

26|21 J: Which shows again that you should compile the PEG
Welches zeigt wieder dass man sollte zusammenstellen die PEG-‿

list according to your own preferences.
Liste entsprechend zu seinen eigenen Vorlieben.

26|22 M: Right. Now then, for the four you have …
Richtig. Also, für die Vier Sie haben …

26|23 J: … the yacht, and the hand for the five.
… die Jacht, und die Hand für die Fünf.

26|24 M: What else do you want to buy? What should be associated
Was sonst tun Sie wünschen zu kaufen? Was sollte sein assoziiert

with the four?
mit der Vier?

26|25 J: Sausages. In my mind's eye, I'm visualizing a sailing boat
Würste. In meines Geistes Auge, ich_bin visualisierend ein Segel‿ Boot

that's loaded to overflowing with sausages.
das_ist beladen über_und_über mit Würsten.

26|26 M: Super. And what else do you want to buy?
Super. Und was sonst tun Sie wünschen zu kaufen?

26|27 J: Toilet paper that has to be linked with five …
Toiletten‿ Papier das hat zu sein verbunden mit der Fünf …

mmmmh …
mmmmh …

26|28 M: Our angler could well imagine to himself how disappointed
Unser Angler könnte wohl vorstellen zu sich_selbst wie enttäuscht

he'd be if he hooked a roll of soggy toilet
er_würde sein wenn er angelte eine Rolle von durchnässtem Toiletten‿

paper out of the pond instead of a fish.
Papier heraus von dem Teich anstatt von einem Fisch.

26|29 J: That's good. But I want to associate toilet paper with
Das_ist gut. Aber ich wünsche zu assoziieren Toiletten‿ Papier mit

the image of a hand …
dem Bild von einer Hand …

26|30 M: Well?
Nun?

26|31 J: I don't think I'd better go into details!
Ich tue_nicht denken, dass ich_würde besser gehen in Details!

26|32 M: Jane, you've really roused my curiosity now!
Jane, Sie_haben wirklich geweckt meine Neugier jetzt!

26|33 J: Well, I was thinking about the sort of people who always have
Nun, ich war denkend über die Art von Menschen die immer haben

toilet paper in their car and then use parking lots to
Toiletten‿ Papier in ihrem Auto und dann nutzen Park‿ Plätze zu

go into the bushes instead of finding a toilet …
gehen in die Büsche anstatt da‿ von, zu finden eine Toilette …

26|34 M: And then you imagined what it would be like if they
Und dann Sie vorstellten sich was es würde sein wie wenn sie

didn't have any toilet paper …
täten_nicht haben irgendwelches Toiletten‿ Papier …

26|35 J: The image is really quite nasty.
Das Bild ist wirklich ziemlich gemein.

26|36 M: Yes, but whatever helps you to link the information with
Ja, aber was_immer hilft Ihnen zu verbinden die Information mit

the PEG words is perfectly alright. You don't
den PEG-‿ Wörtern ist vollkommen in_Ordnung. Man tut_nicht

normally tell anyone what your associations are!
normalerweise erzählen jedem was seine Assoziationen sind!

26|37 J: You're right. And as you said: the crazier the image …
Sie_sind richtig. Und wie Sie sagten: je verrückter das Bild …

26|38 M: … the greater the memory effect. Exactly!
… desto größer der Gedächtnis‿ Effekt. Genau!

26|39 J: With this method, I'll never need to have my
Mit dieser Methode, ich_werde nie brauchen zu haben meine

shopping list in my hand as I dash through the supermarket.
Einkaufs‿ Liste in meiner Hand wenn ich hetze durch den Supermarkt.

26|40 M: And we can leave for the shops right away!
Und wir können losgehen für die Geschäfte gleich!

(…)
(…)

Englische Fassung

Lesson Twenty-six: A memory aid (End)

26|01 J: I've spent a lot of time in recent months going into this in depth and have seen again and again how men and women often react differently.
26|02 M: Is that bad?
26|03 J: On the contrary! I find it fascinating!
26|04 M: Could you recommend a good book on the subject?
26|05 J: Quite a few! But at the moment I'd rather concentrate on my shopping list.
26|06 M: Of course. Do you still remember the first three items?
26|07 J: Let's see … First was butter, second … ahem … oh yes, the eggs. And third is milk!
26|08 M: Very good.
26|09 J: It's really easy.
26|10 M: I suggest that you now think up the associations for the next two numbers in the PEG method yourself. And after that we can look for associations between them and the other items in the shopping list.
26|11 J: Agreed.
26|12 M: What occurs to you for the figures four and five?
26|13 J: A four, I think, is like … a yacht in full sail. And a five reminds me of a hand: five fingers! Is that what the official PEG method says?
26|14 M: The lists that I know differ when it comes to the four. Four can be represented, for example, by a four-leaved clover …
26|15 J: Oh yes, a symbol of good luck.
26|16 M: Five, on the other hand, can be a fishhook …
26|17 J: Another pointed thing, like Neptune's trident earlier.
26|18 M: Exactly. But the five can also be associated with a hand or with a glove.

26|19 J: That's more or less the obvious choice. And anyway I'd rather think about a hand than about a fishhook …

26|20 M: … whereas a keen angler would probably prefer to think of his hobby.

26|21 J: Which shows again that you should compile the PEG list according to your own preferences.

26|22 M: Right. Now then, for the four you have …

26|23 J: … the yacht, and the hand for the five.

26|24 M: What else do you want to buy? What should be associated with the four?

26|25 J: Sausages. In my mind's eye, I'm visualizing a sailing boat that's loaded to overflowing with sausages.

26|26 M: Super. And what else do you want to buy?

26|27 J: Toilet paper that has to be linked with five … mmmmh …

26|28 M: Our angler could well imagine to himself how disappointed he'd be if he hooked a roll of soggy toilet paper out of the pond instead of a fish.

26|29 J: That's good. But I want to associate toilet paper with the image of a hand …

26|30 M: Well?

26|31 J: I don't think I'd better go into details!

26|32 M: Jane, you've really roused my curiosity now!

26|33 J: Well, I was thinking about the sort of people who always have toilet paper in their car and then use parking lots to go into the bushes instead of finding a toilet …

26|34 M: And then you imagined what it would be like if they didn't have any toilet paper …

26|35 J: The image is really quite nasty.

26|36 M: Yes, but whatever helps you to link the information with the PEG words is perfectly alright. You don't normally tell anyone what your associations are!

26|37 J: You're right. And as you said: the crazier the image …

26|38 M: … the greater the memory effect. Exactly!

26|39 J: With this method, I'll never need to have my shopping list in my hand as I dash through the supermarket.

26|40 M: And we can leave for the shops right away!

(…)

(Sie gehen entlang der Straße Richtung Einkaufszentrum. Jane zeigt auf den Straßenverkehr.)

27|01 J: Falls mehr Menschen dasselbe wie wir täten und für kleine Alltagsstrecken auf das Auto verzichten würden, wären die Straßen in Städten nicht so verstopft. Sogar längere Fahrten, die zu Fuß nicht so leicht zu bewältigen sind, kann man heutzutage durchaus gut mit Bus, Straßenbahn oder U-Bahn zurücklegen.

27|02 M: In Kleinstädten und Großstädten schon. Aber was ist mit Menschen, die auf dem Land leben? Ich habe manchmal Geschäftsbesprechungen mit Kunden, die in kleinen Dörfern leben, und viele dieser Dörfer sind mit öffentlichen Verkehrsmitteln einfach nicht erreichbar. Um dahin zu gelangen, bin ich von meinem Auto abhängig.

27|03 J: Ja, aber ich dachte hauptsächlich an den Verkehr in Stadtzentren. Sie müssen bemerkt haben, dass ich an einer sehr vielbefahrenen Straße lebe. Tagsüber kann ich die Fenster aufgrund der Auspuffabgase nur jeweils eine kurze Zeitlang offen lassen. Und sogar bei Nacht ist es aufgrund des Lärms nicht sehr angenehm, die Fenster offen zu lassen.

27|04 M: Aber bei Nacht, wenn es viel weniger Verkehr gibt, kann es nicht so laut sein, oder doch?

27|05 J: Das stimmt, aber 200 Yard[8] von meinem Haus gibt es eine Kreuzung. Und all diese lächerlichen Kavalierstarts …

27|06 M: Ah, ich weiß, worauf Sie hinauswollen.

27|07 J: Es ist ein weiteres Gebiet, wo Männer und Frauen sich eher verschieden verhalten. Mehr Männer überholen zum Beispiel gesetzeswidrig auf der falschen Seite, wohingegen bei Frauen wahrscheinlicher ist, dass sie vergessen, in den Spiegel zu schauen, wenn sie an der Gehsteigkante aus dem Auto aussteigen oder wenn sie die Fahrspur wechseln.

27|08 M: Das Thema Männer/Frauen fängt langsam an, mich zu faszinieren.

27|09 J: Ich befasse mich momentan sehr viel damit, also denke ich oft daran, wenn irgendein Aspekt … hey, das ist wie bei der PEG-Liste, nicht wahr?!

27|10 M: Natürlich. Alles, was durch eine Assoziation verbunden ist, bleibt verbunden. Wenn Sie zum Beispiel lesen, dass Frauen nicht in den Spiegel schauen, wenn sie die Fahrspur wechseln, fällt Ihnen der Gedanke unter ähnlichen Umständen automatisch ein.

27|11 J: Genau. Und jetzt fällt mir ein, dass Frauen auch öfter vergessen zu blinken als Männer … und dass sie eine Straßenkarte oft andersherum drehen, wenn sie eine Reise von Norden nach Süden planen …

27|12 M: … weil dann eine Richtungsänderung nach rechts auf der rechten Seite bleibt, wohingegen sie sich sonst spiegelbildlich ändern würde.

27|13 J: Richtig. Männer sind besser dabei, sich räumliche Situationen vorzustellen; sie können auch andere Arten von Plänen besser lesen – wie architektonische Pläne. Mit anderen Worten, sie können sich das fertige Ergebnis besser vorstellen.

27|14 M: Also gibt es wirklich Gebiete, in denen wir besser sind?

27|15 J: Sicher. Männer sind auch besser in Mathematik, besonders in höherer Mathematik. Wir wiederum sind besser, wenn es um Sprachen geht: Wir haben einen größeren Wortschatz, und wir lesen flüssiger. Wir sprechen natürlich über den Durchschnitt!

27|16 M: Also gibt es einige Männer, die besser lesen als Frauen …

27|17 J: … und natürlich einige Frauen, die besser rechnen können als manche Männer.

27|18 M: Aber die meisten Männer sind doch bessere Fahrer?

---

8 1 Yard ≈ 91,4 cm

27|19 J: Insgesamt nicht. Frauen verursachen weniger Unfälle und besonders weniger schwere Unfälle.

27|20 M: Also, das überrascht mich!

27|21 J: Sehen Sie, es ist wahrscheinlicher, dass Männer bei Regen, Nebel oder Schnee zu schnell fahren. Sie halten auch eher zu wenig Abstand zum Auto davor, und sie unternehmen waghalsige Überholmanöver – zum Beispiel beim Kolonnenspringen.

27|22 M: Ja, sie sind irgendwie leichtsinniger und sorgloser – das kann ich verstehen.

Dekodierte Fassung

Lesson Twenty-seven: Traffic (Start)
Lektion Siebenundzwanzig: Verkehr (Anfang)

(…)
(…)

27|01 J: If more people did the same as we are doing and did
Falls mehr Menschen täten das‿ selbe wie wir sind tuend und täten

without the car for little everyday trips, the roads in towns
ohne das Auto für kleine Alltags‿ Strecken, die Straßen in Städten

wouldn't be so congested. Even longer journeys which aren't
würden_nicht sein so verstopft. Sogar längere Fahrten welche sind_nicht

so easy to do on foot, you can do perfectly well by bus,
so leicht zu tun zu_Fuß, man kann tun durchaus gut mit Bus,

tram or underground these days.
Straßenbahn oder U-Bahn heutzutage.

27|02 M: In towns and cities, yes. But what about people who
In Kleinstädten und Großstädten, ja. Aber was über Menschen die

live in the country? I sometimes have business meetings
leben auf_dem_Land? Ich manchmal habe Geschäfts‿ Besprechungen

with clients who live in small villages and a lot of
mit Kunden die leben in kleinen Dörfern und eine Menge von

these villages simply aren't reachable by public
diesen Dörfern einfach sind_nicht erreichbar mit öffentlichen

transport. To get there I'm dependent on my car.
Verkehrsmitteln. Zu gelangen dahin ich_bin abhängig auf meinem Auto.

27|03 J: Yes, but I was mainly thinking about traffic in town
Ja, aber ich war hauptsächlich denkend über Verkehr in Stadt‿

centres. You must have noticed that I live on a very
Zentren. Sie müssen haben bemerkt dass ich lebe an einer sehr

busy street. During the day I can only have the windows
vielbefahrenen Straße. Tagsüber ich kann nur haben die Fenster

open for a short while at a time because of the exhaust
offen für eine kurze Zeitlang jeweils aufgrund von den Auspuff‿

fumes. And even at night it's not very pleasant leaving
Abgasen. Und sogar bei Nacht es_ist nicht sehr angenehm zu lassen

the windows open because of the noise.
die Fenster offen aufgrund von dem Lärm.

27|04 M: But at night when there's a lot less traffic it
Aber bei Nacht wenn da_ist eine Menge weniger Verkehr es

can't be so noisy, can it?
kann_nicht sein so laut, kann es?

27|05 J: That's true, but 200 yards from my house there's an
Das_ist wahr, aber 200 Yard von meinem Haus da_ist eine

intersection. And all that ridiculous burning rubber when cars
Kreuzung. Und all jener lächerliche brennende Gummi wenn Autos

set off …
anfahren …

27|06 M: Ah, I know what you're getting at.
Ah, ich weiß was Sie_sind gelangend an.

27|07 J: It's another area where men and women tend to
Es_ist ein_weiteres Gebiet wo Männer und Frauen tendieren zu

behave differently. More men overtake illegally on
verhalten sich verschieden. Mehr Männer überholen gesetzeswidrig auf

the wrong side, for instance, whereas women are more
der falschen Seite, für Beispiel, wohingegen Frauen sind mehr

likely to forget to look in the mirror at the
wahrscheinlich zu vergessen zu schauen in den Spiegel an der

kerb when getting out of the car or when
Gehsteigkante wenn sie sind aussteigend von dem Auto oder wenn sie

changing lanes.
sind wechselnd Fahrspuren.

27|08 M: The men/women subject is slowly starting to fascinate me.
Das Männer/Frauen-‿ Thema ist langsam anfangend zu faszinieren mich.

27|09 J: I'm very much involved with it at the moment, so I often think
Ich_bin sehr viel befasst damit momentan, also ich oft denke

about it, when some aspect … hey, that's like with the PEG
darüber, wenn irgendein Aspekt … hey, das_ist wie mit der PEG-‿

list, isn't it?!
Liste, ist_nicht es?!

27|10 M: Of course. Anything that's linked with an association remains
Natürlich. Alles das_ist verbunden mit einer Assoziation bleibt

linked. If, for example, you read that women don't
verbunden. Wenn, für Beispiel, Sie lesen dass Frauen tun_nicht

look in the mirror when changing lanes, the
schauen in den Spiegel wenn sie sind wechselnd Fahrspuren, der

thought will automatically occur to you in similar circumstances.
Gedanke wird automatisch einfallen zu Ihnen in ähnlichen Umständen.

27|11 J: Exactly. And now it occurs to me that women also forget to
Genau. Und jetzt es einfällt zu mir dass Frauen auch vergessen zu

signal more often than men … and that they often turn the
blinken mehr oft als Männer … und dass sie oft drehen die

road map upside down when they're planning a journey from
Straßen‿ Karte andersherum wenn sie_sind planend eine Reise von

North to South …
Norden nach Süden …

27|12 M: … because then a turn-off to the right stays on the
… weil dann eine Richtungsänderung nach_rechts bleibt auf der

right-hand side, whereas otherwise it would change like
rechtshändigen Seite, wohingegen sonst sie würde ändern sich wie

a mirror image.
ein Spiegel‿ Bild.

27|13 J: Right. Men are better at imagining spatial
Richtig. Männer sind besser da‿ bei, vorzustellen sich räumliche

situations; they can also read other sorts of plans better –
Situationen; sie können auch lesen andere Arten von Plänen besser –

like architectural plans. In other words, they're better able to
wie architektonische Pläne. In anderen Worten, sie_sind besser fähig zu

imagine the finished result.
vorstellen sich das fertige Ergebnis.

27|14 M: So there really are areas in which we're better?
Also da wirklich sind Gebiete in welchen wir_sind besser?

27|15 J: Certainly. Men are better at mathematics, too, especially at
Sicher. Männer sind besser bei Mathematik, auch, besonders bei

higher mathematics. We in turn are better when it comes to
höherer Mathematik. Wir wiederum sind besser wenn es kommt zu

languages: we have bigger vocabularies and we read more fluently.
Sprachen: wir haben größere Wortschätze und wir lesen mehr flüssig.

We're speaking, of course, about the average!
Wir_sind sprechend, natürlich, über den Durchschnitt!

27|16 M: So there are some men who read better than women …
Also da sind einige Männer die lesen besser als Frauen …

27|17 J: … and some women who can calculate better than some
… und einige Frauen die können rechnen besser als manche

men, of course.
Männer, natürlich.

27|18 M: But most men are better drivers, though?
Aber die meisten Männer sind bessere Fahrer, doch?

27|19 J: On the whole, no. Women cause fewer accidents, and especially
Insgesamt, nein. Frauen verursachen weniger Unfälle, und besonders

fewer serious accidents.
weniger schwere Unfälle.

27|20 M: Well now, that does surprise me!
Also, das tut überraschen mich!

27|21 J: You see, men are more likely to drive too fast in
Sie sehen, Männer sind mehr wahrscheinlich zu fahren zu schnell in

rain, fog or snow. They also tend to keep too little
Regen, Nebel oder Schnee. Sie auch tendieren zu halten zu wenig

distance to the car in front and they go in for daredevil
Abstand zu dem Auto davor und sie unternehmen waghalsige

overtaking manoeuvres – queue-jumping, for instance.
Überhol‿ Manöver – Kolonnenspringen, für Beispiel.

27|22 M: Yes, they're more reckless and careless somehow – I can see that.
Ja, sie_sind mehr leichtsinnig und sorglos irgendwie – ich kann sehen das.

Englische Fassung

Lesson Twenty-seven: Traffic (Start)

(…)

27|01 J: If more people did the same as we are doing and did without the car for little everyday trips, the roads in towns wouldn't be so congested. Even longer journeys which aren't so easy to do on foot, you can do perfectly well by bus, tram or underground these days.

27|02 M: In towns and cities, yes. But what about people who live in the country? I sometimes have business meetings with clients who live in small villages and a lot of these villages simply aren't reachable by public transport. To get there I'm dependent on my car.

27|03 J: Yes, but I was mainly thinking about traffic in town centres. You must have noticed that I live on a very busy street. During the day I can only have the windows open for a short while at a time because of the exhaust fumes. And even at night it's not very pleasant leaving the windows open because of the noise.

27|04 M: But at night when there's a lot less traffic it can't be so noisy, can it?

27|05 J: That's true, but 200 yards from my house there's an intersection. And all that ridiculous burning rubber when cars set off …

27|06 M: Ah, I know what you're getting at.

27|07 J: It's another area where men and women tend to behave differently. More men overtake illegally on the wrong side, for instance, whereas women are more likely to forget to look in the mirror at the kerb when getting out of the car or when changing lanes.

27|08 M: The men/women subject is slowly starting to fascinate me.

27|09 J: I'm very much involved with it at the moment, so I often think about it, when some aspect … hey, that's like with the PEG list, isn't it?!

27|10 M: Of course. Anything that's linked with an association remains linked. If, for example, you read that women don't look in the mirror when changing lanes, the thought will automatically occur to you in similar circumstances.

27|11 J: Exactly. And now it occurs to me that women also forget to signal more often than men … and that they often turn the road map upside down when they're planning a journey from North to South …

27|12 M: … because then a turn-off to the right stays on the right-hand side, whereas otherwise it would change like a mirror image.

27|13 J: Right. Men are better at imagining spatial situations; they can also read other sorts of plans better – like architectural plans. In other words, they're better able to imagine the finished result.

27|14 M: So there really are areas in which we're better?

27|15 J: Certainly. Men are better at mathematics, too, especially at higher mathematics. We in turn are better when it comes to languages: we have bigger vocabularies and we read more fluently. We're speaking, of course, about the average!

27|16 M: So there are some men who read better than women …

27|17 J: … and some women who can calculate better than some men, of course.

27|18 M: But most men are better drivers, though?

27|19 J: On the whole, no. Women cause fewer accidents, and especially fewer serious accidents.

27|20 M: Well now, that does surprise me!

27|21 J: You see, men are more likely to drive too fast in rain, fog or snow. They also tend to keep too little distance to the car in front and they go in for daredevil overtaking manoeuvres – queue-jumping, for instance.

27|22 M: Yes, they're more reckless and careless somehow – I can see that.

Lektion 28: Verkehr (Ende)

28|01 J: Männer interpretieren viele Situationen als Wettkampf, die Frauen lieber gemeinschaftlich angehen.

28|02 M: Da könnte was dran sein … Vielleicht sind daher mehr Teilnehmer an Wettkampfsituationen – von Marathonlauf und Skirennen bis zu allen Arten von Motorsport – Männer.

28|03 J: Wahrscheinlich. Aber es wäre nett, wenn sich Männer, die auf der Straße fahren, nicht so oft verhalten würden, als ob sie auf einer Rennstrecke wären – zum Beispiel bei Nacht an der Kreuzung nahe bei meinem Haus. Da wünsche ich mir manchmal, irgendwo draußen auf dem Land zu leben … oder irgendwann in der Vergangenheit zu leben, als es keine Verkehrsprobleme gab.

28|04 M: Verfolgen wir diesen Gedanken doch weiter. Was tun Sie, wenn Sie in Urlaub fahren?

28|05 J: Ich steige ins Flugzeug und fliege irgendwohin.

28|06 M: Das wäre früher nicht möglich gewesen. Reisen bedeutete damals, auf einem Pferd zu reiten oder in einer Kutsche zu fahren. Es dauerte lange und war nicht sehr bequem. Mozart erwähnt zum Beispiel in einem seiner Briefe an seine Schwester Nannerl, wie furchtbar man auf so einer Kutschfahrt herumgeschüttelt werde …

28|07 J: Daran hatte ich nicht gedacht. Die Straßen waren damals natürlich nicht asphaltiert, nicht einmal gepflastert …

28|08 M: … und wenn sie es waren, dann mit groben Pflastersteinen, auf denen man mit Holzrädern fuhr, die an der Außenseite mit Eisen beschlagen waren …

28|09 J: … wohingegen wir heutzutage auf luftgefederten Reifen reisen.

28|10 M: Obendrein hatten die Fahrzeuge damals keine richtige Federung, sodass sogar relativ ebene Strecken ziemlich unerträglich gewesen sein müssen.

28|11 J: Was sich vielleicht weniger geändert hat, ist das Reisen per Schiff. Manchmal nehme ich die Fähre zum Übersetzen auf die Inseln, wenn ich Urlaub in Griechenland mache.

28|12 M: Schiffe und Boote gab es früher natürlich, aber Reisen mit ihnen war viel weniger bequem als heute. Wie fahren Sie übrigens, wenn Sie Ihre Schwester Karen besuchen?

28|13 J: Ich fahre mit dem Zug in die Stadt, wo sie lebt, und vom Bahnhof zu ihrem Haus gehe ich zu Fuß. Wir sollten viel öfter zu Fuß gehen oder mit dem Fahrrad fahren, der Umwelt zuliebe – womit ich auch meine, anderen Menschen zuliebe.

28|14 M: Zum Beispiel andere Menschen, die nahe an Kreuzungen leben?

28|15 J: Genau! Ich denke, all die Verstopfungen im Verkehr könnten vermieden werden …

28|16 M: Sie müssten allerdings Ihre Essgewohnheiten ändern!

28|17 J: Inwiefern?

28|18 M: Wo kommen all die Dinge im Supermarkt her?

28|19 J: Oh, ich weiß, was Sie meinen. Die Kiwis kommen aus Neuseeland, der Tee aus Indien, der Kaffee aus Südamerika …

28|20 M: Ja, und diese Güter werden per Luftfracht, Schiff oder Lastwagen zu uns gebracht.

28|21 J: Sie haben recht. Die heutige Zeit macht all diese Transporte notwendig.
(Jane denkt nach.)

28|22 J: Dann wünsche ich mir stattdessen etwas anderes.

28|23 M: Was denn?

28|24 J: In der Star-Trek-Zukunft zu leben und nur sagen zu müssen: „Einen Container Gemüse herunterbeamen. Energie.“

(Beide lachen. Mike und Jane betreten das Einkaufszentrum. Nachdem sie ihre Einkäufe erledigt haben, bummeln sie durch den nahe gelegenen Stadtpark.)

Dekodierte Fassung

Lesson Twenty-eight: Traffic (End)
Lektion Achtundzwanzig: Verkehr (Ende)

28|01 J: Men interpret a lot of situations as competitive,
Männer interpretieren eine Menge von Situationen als wettkämpferisch,

which women prefer to approach as cooperative.
welche Frauen bevorzugen zu angehen als gemeinschaftlich.

28|02 M: That could well be true … Maybe that's why more participants
Das könnte wohl sein wahr … Vielleicht daher mehr Teilnehmer

in competitive situations – from marathon running and ski racing
in Wettkampf‿ Situationen – von Marathon‿ Laufen und Ski‿ Rennen

to all types of motor sport – are men.
bis zu allen Arten von Motor‿ Sport – sind Männer.

28|03 J: Probably. But it would be nice if men driving on
Wahrscheinlich. Aber es würde sein nett wenn Männer fahrend auf

the road didn't behave so often as though they were on
der Straße täten_nicht verhalten sich so oft als_ob sie wären auf

the race track – at night, for example, at the intersection near
der Renn‿ Strecke – bei Nacht, für Beispiel, an der Kreuzung nahe

my house. That's when I sometimes wished I
meinem Haus. Das_ist wenn ich manchmal wünschte mir, dass ich

lived out in the country somewhere … or lived at some point in
lebte draußen auf_dem_Land irgendwo … oder lebte irgendwann in

the past, when there weren't any traffic problems.
der Vergangenheit, als da waren_nicht irgendwelche Verkehrs‿ Probleme.

28|04 M: But let's pursue that thought. What do you do
Aber lassen_Sie_uns weiterverfolgen jenen Gedanken. Was tun Sie tun

when you go on holiday?
wenn Sie gehen auf Urlaub?

28|05 J: I get in a plane and fly somewhere.
Ich steige in ein Flugzeug und fliege irgendwohin.

28|06 M: That wouldn't have been possible in the past. Travel back then
Das würde_nicht haben gewesen möglich früher. Reisen damals

meant riding on horseback or in a
bedeutete zu reiten auf einem Pferderücken oder zu fahren in einer

coach. It took a long time and wasn't very comfortable.
Kutsche. Es dauerte eine lange Zeit und war_nicht sehr bequem.

Mozart, for instance, in one of his letters to his sister
Mozart, für Beispiel, in einem von seinen Briefen an seine Schwester

Nannerl, mentions how dreadfully shaken about you are on that
Nannerl, erwähnt wie furchtbar geschüttelt herum man ist auf jener

sort of coach journey …
Art von Kutsch‿ Fahrt …

28|07 J: I hadn't thought of that. The roads weren't asphalted
Ich hatte_nicht gedacht davon. Die Straßen waren_nicht asphaltiert

in those days, of course or even paved …
damals, natürlich oder sogar gepflastert …

28|08 M: … and when they were, then with rough cobblestones, that
… und wenn sie waren es, dann mit groben Pflastersteinen, denen

you rode on with wooden wheels, rimmed with iron on the
man fuhr auf mit Holz‿ Rädern, beschlagen mit Eisen an der

outside …
Außenseite …

28|09 J: … whereas nowadays we travel on pneumatic tyres.
… wohingegen heutzutage wir reisen auf luftgefederten Reifen.

28|10 M: On top of that, the vehicles in those days had no proper suspension,
Obendrein, die Fahrzeuge damals hatten keine richtige Federung,

so that even relatively even stretches must have been quite
sodass sogar relativ ebene Strecken müssen haben gewesen ziemlich

unbearable.
unerträglich.

28|11 J: What's changed less, perhaps, is travelling by ship. I
Was_hat geändert sich weniger, vielleicht, ist Reisen per Schiff. Ich

sometimes take the ferry to cross over to the islands, when
manchmal nehme die Fähre zu übersetzen zu den Inseln, wenn

I'm on holiday in Greece.
ich_bin auf Urlaub in Griechenland.

28|12 M: There were of course ships and boats in the past, but travelling in
Da waren natürlich Schiffe und Boote früher, aber Reisen in

them was a lot less comfortable than today. How do you
ihnen war eine Menge weniger bequem als heute. Wie tun Sie

travel, by the way, when you visit your sister Karen?
fahren, übrigens, wenn Sie besuchen Ihre Schwester Karen?

28|13 J: I take the train to the city where she lives and from the
Ich nehme den Zug zu der Stadt wo sie lebt und von dem

station to her house I go on foot. We ought to go much
Bahnhof zu ihrem Haus ich gehe zu_Fuß. Wir sollten zu gehen viel

more often on foot or by bicycle for the sake of the
mehr oft zu_Fuß oder fahren per Fahrrad zuliebe der

environment – by which I mean for the sake of other people, too.
Umwelt – womit ich meine zuliebe anderen Menschen, auch.

28|14 M: Other people, for instance, who live near intersections?
Andere Menschen, für Beispiel, die leben nahe Kreuzungen?

28|15 J: Exactly! I think all the traffic congestion could be avoided …
Genau! Ich denke all die Verkehrs‿ Verstopfung könnte sein vermieden …

28|16 M: Though you'd have to change your eating habits!
Allerdings Sie_würden haben zu ändern Ihre Ess‿ Gewohnheiten!

28|17 J: How come?
Inwiefern?

28|18 M: Where do all the things in the supermarket come from?
Wo tun all die Dinge in dem Supermarkt kommen her?

28|19 J: Oh, I know what you mean. Kiwis come from New Zealand,
Oh, ich weiß was Sie meinen. Kiwis kommen aus Neu‿ Seeland,

tea from India, coffee from South America …
Tee aus Indien, Kaffee aus Süd‿ Amerika …

28|20 M: Yes, and these goods are brought to us by air, by boat or
Ja, und diese Güter sind gebracht zu uns per Luft, per Schiff oder

by lorry.
per Lastwagen.

28|21 J: You're right. This day and age makes all that sort of transport necessary.
Sie_sind richtig. Die_heutige_Zeit macht all jene Art von Transport notwendig.

(...)
(...)

28|22 J: So I'll wish for something else instead.
So ich_werde wünschen mir für etwas sonst anstatt.

28|23 M: What then?
Was denn?

28|24 J: To live in the Star Trek future and just have to say:
Zu leben in der Star-‿ Trek-‿ Zukunft und nur haben zu sagen:

"Beam me down a container of vegetables. Energy!"
„Beam mir herunter einen Container von Gemüse. Energie!"

(...)
(...)

Englische Fassung

Lesson Twenty-eight: Traffic (End)

28|01 J: Men interpret a lot of situations as competitive, which women prefer to approach as cooperative.

28|02 M: That could well be true … Maybe that's why more participants in competitive situations – from marathon running and ski racing to all types of motor sport – are men.

28|03 J: Probably. But it would be nice if men driving on the road didn't behave so often as though they were on the race track – at night, for example, at the intersection near my house. That's when I sometimes wished I lived out in the country somewhere … or lived at some point in the past, when there weren't any traffic problems.

28|04 M: But let's pursue that thought. What do you do when you go on holiday?

28|05 J: I get in a plane and fly somewhere.

28|06 M: That wouldn't have been possible in the past. Travel back then meant riding on horseback or in a coach. It took a long time and wasn't very comfortable. Mozart, for instance, in one of his letters to his sister Nannerl, mentions how dreadfully shaken about you are on that sort of coach journey …

28|07 J: I hadn't thought of that. The roads weren't asphalted in those days, of course or even paved …

28|08 M: … and when they were, then with rough cobblestones, that you rode on with wooden wheels, rimmed with iron on the outside …

28|09 J: … whereas nowadays we travel on pneumatic tyres.

28|10 M: On top of that, the vehicles in those days had no proper suspension, so that even relatively even stretches must have been quite unbearable.

28|11 J: What's changed less, perhaps, is travelling by ship. I sometimes take the ferry to cross over to the islands, when I'm on holiday in Greece.

28|12 M: There were of course ships and boats in the past, but travelling in them was a lot less comfortable than today. How do you travel, by the way, when you visit your sister Karen?

28|13 J: I take the train to the city where she lives and from the station to her house I go on foot. We ought to go much more often on foot or by bicycle for the sake of the environment – by which I mean for the sake of other people, too.

28|14 M: Other people, for instance, who live near intersections?

28|15 J: Exactly! I think all the traffic congestion could be avoided …

28|16 M: Though you'd have to change your eating habits!

28|17 J: How come?

28|18 M: Where do all the things in the supermarket come from?

28|19 J: Oh, I know what you mean. Kiwis come from New Zealand, tea from India, coffee from South America …

28|20 M: Yes, and these goods are brought to us by air, by boat or by lorry.

28|21 J: You're right. This day and age makes all that sort of transport necessary.

(…)

28|22 J: So I'll wish for something else instead.

28|23 M: What then?

28|24 J: To live in the Star Trek future and just have to say: "Beam me down a container of vegetables. Energy!"

(…)

Lektion 29: War früher wirklich alles besser? (Anfang)

29|01 M: Wir müssen einige Nachteile des Lebens in Städten akzeptieren. Aber es gibt auch viele Vorteile. Man hat es nicht weit zur Arbeit, zu Geschäften, zu Kinos, Theatern und so weiter.

29|02 J: Das ist richtig. Wenn ich in einem Vorort oder draußen auf dem Land leben würde, würde das Pendeln zwischen Heim und Arbeit viel mehr Zeit einnehmen.

29|03 M: Sie bräuchten Ihr Auto jeden Tag …

29|04 J: … anstatt wie jetzt nur dafür, längere Fahrten zu machen, wo es entweder kein öffentliches Verkehrsmittel gibt oder wo ich zu oft umsteigen müsste. Ich bin wirklich froh, dass ich mit der U-Bahn zur Arbeit fahren kann und nicht das Auto nehmen muss …

29|05 M: … mit dem Sie immer in Verkehrsstaus stecken würden.

29|06 J: Daher denke ich manchmal, dass ich lieber in der Vergangenheit leben wollte. Im Mittelalter oder in der antiken Welt … Aber wir haben schon gesehen, dass das Reisen damals weder leicht noch bequem war …

29|07 M: Ich denke, dass unsere Vorstellungen von der Vergangenheit auf vielen Gebieten wirklich ziemlich naiv sind, nicht nur, was den Verkehr betrifft.

29|08 J: Denken Sie?

29|09 M: Nun, denken Sie nur, sagen wir, ans Mittelalter. Was fällt Ihnen ein, das Sie im modernen Leben heute vermissen könnten?

29|10 J: Dass man zum Beispiel vor Überfällen und Terroristen sicher ist. Die wachsende Kriminalitätsrate bedrückt mich manchmal.

29|11 M: Und Sie stellen sich vor, dass es im Mittelalter besser war?

29|12 J: Natürlich!

29|13 M: Wären Sie überrascht zu erfahren, dass das nicht der Fall war?

29|14 J: Das kann man wohl sagen!

29|15 M: Zufällig habe ich mich mit diesem Thema befasst, als ich Student war. Norbert Elias hat tatsächlich gezeigt, dass das Leben früher viel weniger sicher war. Die meisten sogenannten normalen Menschen waren entweder Leibeigene oder Tagelöhner, mit denen die an der Macht tun konnten, was sie wollten …

29|16 J: Ich habe gelesen, dass ein lokaler Herrscher zum Beispiel das Recht hatte, Bräute in ihrer Hochzeitsnacht zu entjungfern …

29|17 M: … oder irgendeine Frau, die er wollte, zu nehmen, wann er wollte – nicht nur für eine Nacht. Entführung war ziemlich üblich damals. Auch wurden Männer zum Dienst in Armeen gepresst, wenn Herrscher irgendeinen lokalen Krieg anfangen wollten.

29|18 J: Dann gab es Straßenräuber …

29|19 M: … und Piraten.

29|20 J: Ja, jetzt fallen mir verschiedene Dinge wieder ein, die ich hier und da gelesen oder gehört habe.

29|21 M: Dieser Norbert Elias, den ich vorher erwähnte, hat unter anderem aufgezeigt, dass das Durchschnittsindividuum in den industrialisierten Ländern trotz der modernen Kriminalität jetzt viel sicherer ist als früher.

29|22 J: Also hat sich die Gesellschaft doch zum Besseren entwickelt?

29|23 M: Ja, besonders seit die Gesellschaft die Gewalt institutionalisiert hat.

29|24 J: Was meint dieser Herr Elias damit?

29|25 M: Seit die Gesellschaft zum Beispiel das Recht auf persönliche Rache an den Staat delegiert hat und seit unsere Rechts- und Polizeisysteme entwickelt worden sind, ist das Leben für ein Individuum beträchtlich sicherer geworden, als es in der ganzen Menschheitsgeschichte jemals gewesen ist.

29|26 J: Das ist interessant …

Dekodierte Fassung

Lesson Twenty-nine: Was everything really better in the past? (Start)
Lektion Neunundzwanzig: War alles wirklich besser früher? (Anfang)

29|01 M: We have to accept some disadvantages to living in cities.
Wir haben zu akzeptieren einige Nachteile zu leben in Städten.

But there are a lot of advantages as well. You don't
Aber da sind eine Menge von Vorteilen auch. Man tut_nicht

have to travel far to work, to the shops, to cinemas,
haben zu fahren weit zu der Arbeit, zu den Geschäften, zu Kinos,

theatres and so on.
Theatern und so weiter.

29|02 J: That's right. If I lived in the suburbs or out
Das_ist richtig. Wenn ich lebte in den Vororten oder draußen

in the country, commuting between home and work would take up
auf_dem_Land, Pendeln zwischen Heim und Arbeit würde einnehmen

a lot more time.
eine Menge mehr Zeit.

29|03 M: You'd need your car every day …
Sie_würden brauchen Ihr Auto jeden Tag …

29|04 J: … instead of, as now, only for making longer journeys,
… anstatt von, wie jetzt, nur da‿ für, zu machen längere Fahrten,

where there's either no public transport or where
wo da_ist entweder kein öffentliches Verkehrsmittel oder wo

I'd have too many changes. I'm really pleased I
ich_würde haben zu viele Umstiege. Ich_bin wirklich erfreut, dass ich

can get to work on the underground and don't have
kann fahren zu der Arbeit auf der U-Bahn und tue_nicht haben

to take the car …
zu nehmen das Auto …

29|05 M: … in which you'd forever be stuck in traffic jams.
… in welchem Sie_würden immer sein gesteckt in Verkehrs‿ Staus.

29|06 J: That's why I sometimes think I'd rather live in the
Daher ich manchmal denke, dass ich_wollte lieber leben in der

past. In the Middle Ages or in the ancient world …
Vergangenheit. In dem Mittel‿ Alter oder in der antiken Welt …

But we've already seen that travelling in those days was neither
Aber wir_haben schon gesehen dass Reisen damals war weder

easy nor comfortable …
leicht noch bequem …

29|07 M: I think our ideas of the past are
Ich denke, dass unsere Vorstellungen von der Vergangenheit sind

really quite naïve in lots of areas, not just as far
wirklich ziemlich naiv in Mengen von Gebieten, nicht nur so‿ weit

as traffic's concerned.
wie der Verkehr_ist betroffen.

29|08 J: Do you think so?
Tun Sie denken so?

29|09 M: Well, just think about the Middle Ages, let's say.
Nun, nur denken Sie über das Mittel‿ Alter, lassen_Sie_uns sagen.

What comes to mind that you might miss from
Was kommt zu dem Sinn das Sie könnten vermissen aus dem

modern life today?
modernen Leben heute?

29|10 J: Being safe from muggings and terrorists, for example! The
Zu sein sicher von Überfällen und Terroristen, für Beispiel! Die

growing level of crime gets me down sometimes.
wachsende Kriminalitätsrate bedrückt_mich manchmal.

29|11 M: And you imagine it was better in the Middle Ages?
Und Sie vorstellen sich, dass es war besser in dem Mittel‿ Alter?

29|12 J: Of course!
Natürlich!

29|13 M: Would you be surprised to learn that wasn't the case?
Würden Sie sein überrascht zu erfahren, dass das war_nicht der Fall?

29|14 J: You can say that again!
Man kann sagen das wieder!

29|15 M: As it happens, I went into this subject when I was a student.
Zufällig, ich ging in dieses Thema als ich war ein Student.

Norbert Elias has in fact shown that life was a lot
Norbert Elias hat tatsächlich gezeigt dass das Leben war eine Menge

less safe in the past. Most of the so-called ordinary
weniger sicher früher. Die meisten von den sogenannten normalen

people were either serfs or day labourers, with whom
Menschen waren entweder Leibeigene oder Tage‿ Löhner, mit denen

those in power could do what they wanted ...
jene in der Macht konnten tun was sie wünschten ...

29|16 J: I've read that a local ruler had the right, for
Ich_habe gelesen dass ein lokaler Herrscher hatte das Recht, für

example, to deflower brides on their wedding nights ...
Beispiel, zu entjungfern Bräute an ihren Hochzeits‿ Nächten ...

29|17 M: ... or to take any woman he wanted, when he
... oder zu nehmen irgendeine Frau, die er wünschte, wann er

wanted – not just for one night. Abduction was quite
wünschte – nicht nur für eine Nacht. Entführung war ziemlich

common in those days. Men, too, were pressed into service in
üblich damals. Männer, auch, waren gepresst in den Dienst in

armies, when rulers wanted to start some local war.
Armeen, wenn Herrscher wünschten zu anfangen irgendeinen lokalen Krieg.

29|18 J: Then there were the highwaymen ...
Dann da waren die Straßenräuber ...

29|19 M: ... and pirates.
... und Piraten.

29|20 J: Yes, various things are coming back to me now that
Ja, verschiedene Dinge sind kommend zurück zu mir jetzt die

I've read or heard here and there.
ich_habe gelesen oder gehört hier und da.

29|21 M: This Norbert Elias, that I mentioned before, he's pointed out,
Dieser Norbert Elias, den ich erwähnte vorher, er_hat aufgezeigt,

among other things, that the average individual in the
unter anderen Dingen, dass das Durchschnitts‿ Individuum in den

industrialized countries is much safer now than in the past, despite
industrialisierten Ländern ist viel sicherer jetzt als früher, trotz

modern criminality.
moderner Kriminalität.

29|22 J: So society has developed for the better, then?
Also die Gesellschaft hat entwickelt sich für das Bessere, dann?

29|23 M: Yes, especially since society has institutionalized violence.
Ja, besonders seit die Gesellschaft hat institutionalisiert die Gewalt.

29|24 J: What does this Mister Elias mean by that?
Was tut dieser Herr Elias meinen damit?

29|25 M: Since society has delegated the right to personal revenge
Seit die Gesellschaft hat delegiert das Recht zu persönlicher Rache

to the state, for example, and since our justice and police
an den Staat, für Beispiel, und seit unsere Rechts- und Polizei‿

systems have been developed, life has become considerably
Systeme haben gewesen entwickelt, das Leben hat geworden beträchtlich

safer for the individual than it's ever been in the
sicherer für das Individuum als es_hat jemals gewesen in dem

whole of human history.
Ganzen von der Menschheitsgeschichte.

29|26 J: That's interesting …
Das_ist interessant …

Englische Fassung

Lesson Twenty-nine: Was everything really better in the past? (Start)

29|01 M: We have to accept some disadvantages to living in cities. But there are a lot of advantages as well. You don't have to travel far to work, to the shops, to cinemas, theatres and so on.

29|02 J: That's right. If I lived in the suburbs or out in the country, commuting between home and work would take up a lot more time.

29|03 M: You'd need your car every day …

29|04 J: … instead of, as now, only for making longer journeys, where there's either no public transport or where I'd have too many changes. I'm really pleased I can get to work on the underground and don't have to take the car …

29|05 M: … in which you'd forever be stuck in traffic jams.

29|06 J: That's why I sometimes think I'd rather live in the past. In the Middle Ages or in the ancient world … But we've already seen that travelling in those days was neither easy nor comfortable …

29|07 M: I think our ideas of the past are really quite naïve in lots of areas, not just as far as traffic's concerned.

29|08 J: Do you think so?

29|09 M: Well, just think about the Middle Ages, let's say. What comes to mind that you might miss from modern life today?

29|10 J: Being safe from muggings and terrorists, for example! The growing level of crime gets me down sometimes.

29|11 M: And you imagine it was better in the Middle Ages?

29|12 J: Of course!

29|13 M: Would you be surprised to learn that wasn't the case?

29|14 J: You can say that again!

29|15 M: As it happens, I went into this subject when I was a student. Norbert Elias has in fact shown that life was a lot less safe in the past. Most of the so-called ordinary people were either serfs or day labourers, with whom those in power could do what they wanted …

29|16 J: I've read that a local ruler had the right, for example, to deflower brides on their wedding nights …

29|17 M: … or to take any woman he wanted, when he wanted – not just for one night. Abduction was quite common in those days. Men, too, were pressed into service in armies, when rulers wanted to start some local war.

29|18 J: Then there were the highwaymen …

29|19 M: … and pirates.

29|20 J: Yes, various things are coming back to me now that I've read or heard here and there.

29|21 M: This Norbert Elias, that I mentioned before, he's pointed out, among other things, that the average individual in the industrialized countries is much safer now than in the past, despite modern criminality.

29|22 J: So society has developed for the better, then?

29|23 M: Yes, especially since society has institutionalized violence.

29|24 J: What does this Mister Elias mean by that?

29|25 M: Since society has delegated the right to personal revenge to the state, for example, and since our justice and police systems have been developed, life has become considerably safer for the individual than it's ever been in the whole of human history.

29|26 J: That's interesting …

Lektion 30: War früher wirklich alles besser? (Ende)

30|01 M: Und als die allgemeine Wehrpflicht eingeführt wurde, wurden keine jungen Männer mehr verschleppt und gezwungen, als Soldaten zu dienen.

30|02 J: Das ist auch sinnvoll.

30|03 M: Eine andere Studie schätzt, dass das Leben eines gewöhnlichen Bürgers heute sechs oder sieben Mal sicherer ist als noch vor 150 Jahren. Und diese Studie berücksichtigt sowohl weltweiten Terrorismus als auch drogenbezogene Verbrechen.

30|04 J: Das ist faszinierend. Irgendwie tröstet es mich zu wissen, dass wir trotz allem heutzutage einigermaßen sicher sind.

30|05 M: Aber ein Teil der modernen Gewalt – zum Beispiel Gewalt seitens junger arbeitsloser Menschen ohne Perspektiven – ist auch keine neue Entwicklung, die für unsere modernen Gesellschaften spezifisch ist …

30|06 J: Das hätte ich schon gedacht!

30|07 M: Das denken viele Menschen. Aber vor 150 oder 250 Jahren waren Arbeitslosenquoten von 60 Prozent keineswegs ungewöhnlich. Daher haben so viele arme Menschen aus Verzweiflung Essen gestohlen …

30|08 J: Ja, und wurden zum Beispiel in England in Strafkolonien nach Australien dafür verbracht, dass sie einen Laib Brot gestohlen hatten, nicht wahr?

30|09 M: Richtig. Es war eine Art von Verschiffung überschüssiger Menschen ohne Arbeit in ein Land, in dem es Arbeit für jeden gab. Daher wurde Gefangenen ein kleines Stück Land gegeben, sobald sie ihre Strafe verbüßt hatten, aber sie wurden nicht zurück nach Hause gelassen …

30|10 J: Und so exportierte Großbritannien die Menschen, die letztlich den Ureinwohnern das Land wegnahmen.

30|11 M: Auch die anderen europäischen Länder exportierten viele angebliche Kriminelle, also Menschen, die Essen oder etwas Kohle oder Brennholz im Winter gestohlen hatten, nach Nordamerika.

30|12 J: So habe ich das noch nie gesehen. Warum handeln Politiker dann so, als wären 10 Prozent Arbeitslosigkeit das Ende der Welt, wenn es in früheren Jahren hin und wieder weit mehr Arbeitslose gab?

30|13 M: Weil Politiker heutzutage Kinder des industriellen Zeitalters sind. Am Anfang dieses Zeitalters, in der Mitte des neunzehnten Jahrhunderts, wurden Maschinen vor allem dafür benutzt, reine Muskelkraft zu vervielfachen. Die Maschinen brauchten noch viele Arbeiter, also wurden sie zu Hunderttausenden vom Land hergeholt …

30|14 J: … und in unserem Jahrhundert aus dem Ausland …

30|15 M: Genau! Und das Ausmaß, in dem Maschinen schlauer und ausgefeilter wurden, bedeutete, dass in unseren Großstädten und Ballungsräumen zu viele Menschen lebten, die annahmen, dass sie ein angeborenes Recht auf Arbeit hätten.

30|16 J: Das hatten Politiker ihnen lange genug gepredigt!

30|17 M: Natürlich. Weil sie in totaler Verkennung der tatsächlichen Situation Aussagen machten, die ihre Wiederwahl sichern sollten.

30|18 J: Wie ist das jetzt? Und in der Zukunft?

30|19 M: Der Arbeitsmarkt wird für ungelernte Arbeiter immer schlechter werden, weil sie dem Markt nichts anzubieten haben.

30|20 J: Es sind diese Menschen, für die etwas getan werden sollte, bevor die Probleme zu schlimm werden. Aber dafür haben die Politiker dann kein Geld …

30|21 M: … obwohl die endgültigen Kosten viel größer sein werden. Und ich meine nicht nur die finanziellen Kosten.

30|22 J: Sie meinen auch die sozialen Kosten?

30|23 M: Ja, so ist es. Übrigens ist der Weg hier zu Ende. Sollen wir umkehren oder in dieser Gegend weiter spazieren gehen?

30|24 J: Ja, lassen Sie uns hier hinuntergehen. Es gibt schöne Geschäfte hierherum, wo wir einen kleinen Schaufensterbummel machen könnten.

Dekodierte Fassung

Lesson Thirty: Was everything really better in the past? (End)
Lektion Dreißig: War alles wirklich besser früher? (Ende)

30|01 M: And when compulsory military service was introduced, no more
Und als verpflichtender Militär‿ Dienst war eingeführt, keine mehr

young men were carried off and forced to serve as soldiers.
jungen Männer waren verschleppt und gezwungen zu dienen als Soldaten.

30|02 J: That makes sense, too.
Das macht Sinn, auch.

30|03 M: Another study estimates that the life of the ordinary
Eine_andere Studie schätzt dass das Leben von dem gewöhnlichen

member of the public today is six or seven times safer than it
Bürger heute ist sechs oder sieben‿ mal sicherer als es

was even 150 years ago. And this study takes both worldwide
war sogar 150 Jahre her[9]. Und diese Studie nimmt beides weltweiten

terrorism and drug-related crime into account.
Terrorismus und drogenbezogenes Verbrechen in Berücksichtigung.

30|04 J: That's fascinating. It's a comfort to me somehow to know
Das_ist faszinierend. Es_ist ein Trost zu mir irgendwie zu wissen

that despite everything we're safe to some extent these days.
dass trotz allem wir_sind sicher einigermaßen heutzutage.

30|05 M: But part of modern violence – for example, violence
Aber ein Teil von der modernen Gewalt – für Beispiel, Gewalt

on the part of young jobless people with no prospects – is
seitens junger arbeitsloser Menschen mit keinen Perspektiven – ist

9 Anstatt „vor drei Tagen", „vor einer Woche" u.ä. sagt man im Englischen „drei Tage her", „eine Woche her".

also not a new development specific to our modern
auch nicht eine neue Entwicklung spezifisch zu unseren modernen

societies …
Gesellschaften …

30|06 J: I would have thought it was!
Ich würde haben gedacht, dass es wäre!

30|07 M: That's what a lot of people think. But 150 or 250
Das_ist was eine Menge von Menschen denken. Aber 150 oder 250

years ago unemployment rates of 60 percent were by no means
Jahre her Arbeitslosen‿ Quoten von 60 Prozent waren keineswegs

unusual. That's why so many poor people stole food out of
ungewöhnlich. Daher so viele arme Menschen stahlen Essen aus

desperation …
Verzweiflung …

30|08 J: Yes, and in England, for example, were transported to penal settlements
Ja, und in England, für Beispiel, waren verbracht zu Strafkolonien

in Australia for stealing a loaf of bread, weren't they?
in Australien da‿ für, zu stehlen einen Laib von Brot, waren_nicht sie?

30|09 M: Right. It was a way of shipping off superfluous people
Richtig. Es war eine Art von Verschiffung überschüssiger Menschen

with no work to a country in which there was work for
mit keiner Arbeit zu einem Land in welchem da war Arbeit für

everyone. That's why prisoners were given a small plot of
jeden. Daher Gefangene waren gegeben ein kleines Stück von

land, once they'd served their sentence, but were not
Land, sobald sie_hatten verbüßt ihre Strafe, aber waren nicht

allowed back home …
gelassen zurück nach_Hause …

30|10 J: And that's how Great Britain exported the people who
Und das_ist wie Groß‿ Britannien exportierte die Menschen die

ultimately took the land away from the natives.
letztlich nahmen das Land weg von den Ureinwohnern.

30|11 M: The other European countries also exported many alleged
Die anderen europäischen Länder auch exportierten viele angebliche

criminals, meaning people who stole food or some coal
Kriminelle, meinend Menschen die stahlen Essen oder etwas Kohle

or firewood in winter, to North America.
oder Brennholz in dem Winter, nach Nord‿ Amerika.

30|12 J: I've never thought of it like that. So why do politicians
Ich_habe nie gedacht davon so. So warum tun Politiker

act as though 10 percent unemployment was the end of the
handeln als_ob 10 Prozent Arbeitslosigkeit wäre das Ende von der

world, when in years gone by there were far more unemployed
Welt, wenn in Jahren früheren da waren weit mehr Arbeitslose

at times?
hin_und_wieder?

30|13 M: Because politicians nowadays are children of the industrial
Weil Politiker heutzutage sind Kinder von dem industriellen

age. At the start of this age, in the middle of
Zeitalter. An dem Anfang von diesem Zeitalter, in der Mitte von

the nineteenth century, machines were used above all
dem neunzehnten Jahrhundert, Maschinen waren benutzt vor_allem da‿

for multiplying pure muscle power. The machines still
für, zu vervielfachen reine Muskel‿ Kraft. Die Maschinen noch

needed a lot of workers, so they were brought in
brauchten eine Menge von Arbeitern, also sie waren hergeholt

from the country in their hundreds of thousands …
vom_Land in ihren Hunderten von Tausenden …

30|14 J: … and in our own century from abroad …
… und in unserem eigenen Jahrhundert aus dem Ausland …

30|15 M: Exactly! And the extent to which machines became cleverer and
Genau! Und das Ausmaß zu welchem Maschinen wurden schlauer und

more sophisticated meant that there were too many people
mehr ausgefeilt bedeutete dass da waren zu viele Menschen

living in our cities and conurbations who assumed
lebend in unseren Großstädten und Ballungsräumen die annahmen,

they had an inherent right to work.
dass sie hätten ein angeborenes Recht zu der Arbeit.

30|16 J: That had been preached to them by politicians for long enough!
Das hatte gewesen gepredigt zu ihnen durch Politiker für lange genug!

30|17 M: Of course. Because in their total ignorance of the real
Natürlich. Weil in ihrer totalen Verkennung von der tatsächlichen

situation they made statements which would secure their re-election.
Situation sie machten Aussagen welche würden sichern ihre Wiederwahl.

30|18 J: What about now? And in the future?
Was über jetzt? Und in der Zukunft?

30|19 M: The labour market will get worse and worse for
Der Arbeits‿ Markt wird werden schlechter und schlechter für

unskilled workers, because they have nothing to offer the market.
ungelernte Arbeiter, weil sie haben nichts zu anbieten dem Markt.

30|20 J: It's these people something should be done about before the
Es_ist diese Menschen, die etwas sollte sein getan über bevor die

problems get too bad. But then the politicians have no
Probleme werden zu schlimm. Aber dann die Politiker haben kein

money for that …
Geld dafür …

30|21 M: … even though the final cost will be much greater. And
… obwohl die endgültigen Kosten werden sein viel größer. Und

I don't just mean the financial cost.
ich tue_nicht nur meinen die finanziellen Kosten.

30|22 J: You mean the social costs as well.
Sie meinen die sozialen Kosten auch.

30|23 M: Yes, I do. By the way, the path comes to an end here. Should
Ja, ich tue. Übrigens, der Weg kommt zu einem Ende hier. Sollten

we turn round or carry on walking in this area?
wir umkehren oder weitermachen zu spazieren in dieser Gegend?

30|24 J: Yes, let's go down here. There are nice shops
Ja, lassen_Sie_uns gehen hinunter hier. Da sind schöne Geschäfte

this way, where we could do a bit of window-shopping.
hierherum, wo wir könnten tun ein bisschen von Schaufensterbummeln.

Lesson Thirty: Was everything really better in the past? (End)

30|01 M: And when compulsory military service was introduced, no more young men were carried off and forced to serve as soldiers.

30|02 J: That makes sense, too.

30|03 M: Another study estimates that the life of the ordinary member of the public today is six or seven times safer than it was even 150 years ago. And this study takes both worldwide terrorism and drug-related crime into account.

30|04 J: That's fascinating. It's a comfort to me somehow to know that despite everything we're safe to some extent these days.

30|05 M: But part of modern violence – for example, violence on the part of young jobless people with no prospects – is also not a new development specific to our modern societies …

30|06 J: I would have thought it was!

30|07 M: That's what a lot of people think. But 150 or 250 years ago unemployment rates of 60 percent were by no means unusual. That's why so many poor people stole food out of desperation …

30|08 J: Yes, and in England, for example, were transported to penal settlements in Australia for stealing a loaf of bread, weren't they?

30|09 M: Right. It was a way of shipping off superfluous people with no work to a country in which there was work for everyone. That's why prisoners were given a small plot of land, once they'd served their sentence, but were not allowed back home …

30|10 J: And that's how Great Britain exported the people who ultimately took the land away from the natives.

30|11 M: The other European countries also exported many alleged criminals, meaning people who stole food or some coal or firewood in winter, to North America.

30|12 J: I've never thought of it like that. So why do politicians act as though 10 percent unemployment was the end of the world, when in years gone by there were far more unemployed at times?

30|13 M: Because politicians nowadays are children of the industrial age. At the start of this age, in the middle of the nineteenth century, machines were used above all for multiplying pure muscle power. The machines still needed a lot of workers, so they were brought in from the country in their hundreds of thousands …

30|14 J: … and in our own century from abroad …

30|15 M: Exactly! And the extent to which machines became cleverer and more sophisticated meant that there were too many people living in our cities and conurbations who assumed they had an inherent right to work.

30|16 J: That had been preached to them by politicians for long enough!

30|17 M: Of course. Because in their total ignorance of the real situation they made statements which would secure their re-election.

30|18 J: What about now? And in the future?

30|19 M: The labour market will get worse and worse for unskilled workers, because they have nothing to offer the market.

30|20 J: It's these people something should be done about before the problems get too bad. But then the politicians have no money for that …

30|21 M: … even though the final cost will be much greater. And I don't just mean the financial cost.

30|22 J: You mean the social costs as well.

30|23 M: Yes, I do. By the way, the path comes to an end here. Should we turn round or carry on walking in this area?

30|24 J: Yes, let's go down here. There are nice shops this way, where we could do a bit of window-shopping.

Epilog

3E|01 M: Wir sind fast zum Ende des Kurses gekommen. Sie haben sich erfolgreich an unseren Gedankengängen beteiligt …

3E|02 J: … weil Sie ein konkretes Ziel vor Augen hatten … Und um dieses Ziel zu erreichen, haben Sie den richtigen Weg gewählt …

3E|03 M: … den gehirn-gerechten Weg der Birkenbihl-Methode.

3E|04 J: Sie können Ihre Motivation, diesem Weg zu folgen, noch weiter erhöhen …

3E|05 M: … indem Sie Ihre Augen für einen Moment schließen, wann immer Sie Gelegenheit haben, und sich eine konkrete Situation vorstellen, in der Sie die englische Sprache benutzen.

3E|06 J: Stellen Sie sich zum Beispiel vor, dass Sie einen Freund oder eine Freundin in seiner oder ihrer Wohnung besuchen.

3E|07 M: Sie können jetzt mit ihm oder ihr über die Wohnungseinrichtung reden.

3E|08 J: Oder stellen Sie sich vor, dass Sie jemanden in gehirn-gerechte Arbeitsmethoden einführen wollen.

3E|09 M: Sie könnten die PEG-Methode zur Verbesserung Ihres Gedächtnisses erklären.

3E|10 J: Hierdurch bewegen Sie sich einen weiteren Schritt von der Situation des Lernenden zu jener des Lehrers. Sie erhöhen Ihre eigene Motivation, und Sie motivieren andere.

3E|11 M: Je öfter und je intensiver Sie Situationen so vor Ihrem geistigen Auge verbildlichen und dabei Selbstgespräche führen (laut oder zumindest in Gedanken), desto leichter wird es für Sie sein, solche Situationen in der Praxis zu beherrschen.

3E|12 J: Wir wünschen Ihnen für dieses geistige Training …

3E|13 M: … und für die Nutzung der englischen Sprache in der Praxis …

3E|14 MJ: … viel Erfolg!

Dekodierte Fassung

Epilogue
Epilog

3E|01 M: We've almost come to the end of the course. You
Wir_haben fast gekommen zu dem Ende von dem Kurs. Sie

have successfully joined in our sequence of thoughts …
haben erfolgreich beteiligt sich in unserer Abfolge von Gedanken …

3E|02 J: … because you had a concrete aim in view … And to
… weil Sie hatten ein konkretes Ziel in Sicht … Und zu

achieve this aim, you chose the right way …
erreichen dieses Ziel, Sie wählten den richtigen Weg …

3E|03 M: … the brain-friendly way of the Birkenbihl Method.
… den gehirn-gerechten Weg von der Birkenbihl-‿ Methode.

3E|04 J: You can increase your motivation to follow this path
Sie können erhöhen Ihre Motivation zu folgen diesem Weg

even further …
noch_weiter …

3E|05 M: … by closing your eyes for a moment,
… da‿ durch, zu schließen Ihre Augen für einen Moment,

whenever you have the opportunity, and imagining a
wann_immer Sie haben die Gelegenheit, und vorzustellen sich eine

concrete situation in which you use the English language.
konkrete Situation in welcher Sie benutzen die englische Sprache.

3E|06 J: Imagine, for example, that you're visiting a
Vorstellen Sie sich, für Beispiel, dass Sie_sind besuchend einen/eine

friend in his or her flat.
Freund/Freundin in seiner oder ihrer Wohnung.

3E|07 M: You can now talk to him or her about the apartment's décor.
Sie können jetzt reden zu ihm oder ihr über die Wohnungs‿ Einrichtung.

3E|08 J: Or imagine you want to introduce someone to
Oder vorstellen Sie sich, dass Sie wünschen zu einführen jemanden zu

brain-friendly methods of working.
gehirn-gerechten Methoden von Arbeiten.

3E|09 M: You could explain the PEG method of improving your
Sie könnten erklären die PEG-‿ Methode da‿ von, zu verbessern Ihr

memory.
Gedächtnis.

3E|10 J: By doing this, you'll be moving another step
Hierdurch, Sie_werden sein bewegend sich einen_weiteren Schritt

further from the learning situation to that of the teacher. You
weiter von der Lern‿ Situation zu jener von dem Lehrer. Sie

increase your own motivation and you motivate others.
erhöhen Ihre eigene Motivation und Sie motivieren andere.

3E|11 M: The more often and the more intensively you picture situations
Je mehr oft und je mehr intensiv Sie verbildlichen Situationen

like this in your mind's eye and in the process hold conversations
so in Ihres Geistes Auge und dabei halten Gespräche

with yourself (aloud or at least in your mind), the easier
mit sich_selbst (laut oder zumindest in Ihrem Geist), desto leichter

it will be for you to master such situations in practice.
es wird sein für Sie zu beherrschen solche Situationen in der Praxis.

3E|12 J: We wish you for this mental training …
Wir wünschen Ihnen für dieses geistige Training …

3E|13 M: … and for your use of the English language in practice …
… und für Ihre Nutzung von der englischen Sprache in der Praxis …

3E|14 MJ: … every success!
… jeden Erfolg!

Englische Fassung

Epilogue

3E|01 M: We've almost come to the end of the course. You have successfully joined in our sequence of thoughts …

3E|02 J: … because you had a concrete aim in view … And to achieve this aim, you chose the right way …

3E|03 M: … the brain-friendly way of the Birkenbihl Method.

3E|04 J: You can increase your motivation to follow this path even further …

3E|05 M: … by closing your eyes for a moment, whenever you have the opportunity, and imagining a concrete situation in which you use the English language.

3E|06 J: Imagine, for example, that you're visiting a friend in his or her flat.

3E|07 M: You can now talk to him or her about the apartment's décor.

3E|08 J: Or imagine you want to introduce someone to brain-friendly methods of working.

3E|09 M: You could explain the PEG method of improving your memory.

3E|10 J: By doing this, you'll be moving another step further from the learning situation to that of the teacher. You increase your own motivation and you motivate others.

3E|11 M: The more often and the more intensively you picture situations like this in your mind's eye and in the process hold conversations with yourself (aloud or at least in your mind), the easier it will be for you to master such situations in practice.

3E|12 J: We wish you for this mental training …

3E|13 M: … and for your use of the English language in practice …

3E|14 MJ: … every success!

Prolog

4P|01 M: Wir möchten Sie zu Teil Zwei unseres Kurses „Englisch für fortgeschrittene Lerner" herzlich willkommen heißen!

4P|02 J: Sie haben eine Entscheidung getroffen, …

4P|03 M: … die Entscheidung, Ihre Englischkenntnisse auf gehirn-gerechte Art zu erweitern.

4P|04 J: Es macht keinen Unterschied, ob Sie schon irgendwelche Erfahrungen mit der Birkenbihl-Methode haben oder ob dies Ihr erster Kontakt mit dieser Methode ist.

4P|05 M: Wenn Sie schon mit Birkenbihl-Kursen gearbeitet haben, dann wissen Sie schon, wie leicht Sprachenlernen sein kann …

4P|06 J: … ohne Pauken von Wortschatz und Grammatikregeln, ohne Lehrer, ohne Mitschüler …

4P|07 M: … dafür einfach unter Nutzung Ihres Unterbewusstseins, mit der Freiheit, von den vier Grundfertigkeiten – Verstehen, Sprechen, Lesen und Schreiben – nur jene zu erwerben, die Sie erwerben wollen.

4P|08 J: Wenn dies Ihr erster Birkenbihl-Kurs ist, mit dem Sie eine Fremdsprache lernen wollen, werden Sie einige neue Erfahrungen machen.

4P|09 M: Sie werden herausfinden …

4P|10 J: … wie lehrreich es ist, eine fremde Sprachstruktur mittels Wort-für-Wort-Übersetzung aufzuschlüsseln …

4P|11 M: … wie motivierend es ist, beim Sprachenlernen Ihre eigenen Ziele zu wählen …

4P|12 J: … und wie angenehm es ist, Ihr eigenes Lerntempo zu bestimmen.

4P|13 M: Und Sie werden vor allem erkennen, was gehirn-gerechtes Sprachenlernen im Wesentlichen ist …

4P|14 J: … es ist eigentlich die Nutzung von mehr Sinnen und mehr Bewusstseinsebenen als beim klassischen Sprachenlernen.

4P|15 M: Sie werden bewusst lesen, bewusst zuhören und sich im Geist bewusst Bilder machen.

4P|16 J: Aber Sie werden auch unterbewusst hören und dadurch einen Großteil der Lernarbeit an Ihr Unterbewusstsein delegieren.

4P|17 M: Dies kostet keine Minute Ihrer wertvollen Zeit und wird Ihnen beweisen, dass passives Lernen hervorragend funktioniert.

4P|18 J: Und das Beste daran ist: Sie müssen es nur zulassen …

4P|19 M: Gehen Sie einfach mit, während Sie Jane und mich durch die Stadt begleiten …

Dekodierte Fassung

Prologue
Prolog

4P|01 M: We'd like to wish you a hearty welcome to
Wir_würden mögen zu wünschen Ihnen ein herzliches Willkommen zu

Part Two of our course "English for Advanced Learners".
Teil Zwei von unserem Kurs „Englisch für fortgeschrittene Lerner".

4P|02 J: You have made a decision …
Sie haben gemacht eine Entscheidung …

4P|03 M: … the decision to expand your knowledge of English in a
… die Entscheidung zu erweitern Ihre Kenntnis von Englisch in einer

brain-friendly way.
gehirn-gerechten Art.

4P|04 J: It makes no difference whether you already have some
Es macht keinen Unterschied ob Sie schon haben irgendwelche

experience of the Birkenbihl Method or whether this is your
Erfahrung von der Birkenbihl-‿ Methode oder ob dies ist Ihr

first contact with this method.
erster Kontakt mit dieser Methode.

4P|05 M: If you have worked with Birkenbihl courses, then you already
Wenn Sie haben gearbeitet mit Birkenbihl-‿ Kursen, dann Sie schon

know how easy learning a language can be …
wissen wie leicht zu lernen eine Sprache kann sein …

4P|06 J: … with no swotting up vocabulary and grammar rules,
… mit keinem Pauken von Wortschatz und Grammatik‿ Regeln,

no teacher, no fellow-pupils …
keinem Lehrer, keinen Mitschülern …

4P|07 M: … simply making use of your subconscious, with the
… einfach machend Nutzung von Ihrem Unterbewusstsein, mit der

freedom to acquire of the four basic skills – understanding,
Freiheit zu erwerben von den vier Grund‿ Fertigkeiten – Verstehen,

speaking, reading and writing – only those you wish to acquire.
Sprechen, Lesen und Schreiben – nur jene, die Sie wünschen zu erwerben.

4P|08 J: If this is your first Birkenbihl course with which you
Wenn dies ist Ihr erster Birkenbihl-‿ Kurs mit welchem Sie

wish to learn a foreign language, you'll be having
wünschen zu lernen eine Fremd‿ Sprache, Sie_werden sein habend

some new experiences.
einige neue Erfahrungen.

4P|09 M: You'll find out …
Sie_werden finden heraus …

4P|10 J: … how instructive it is to reveal a foreign language structure
… wie lehrreich es ist zu aufschlüsseln eine fremde Sprach‿ Struktur

by means of word-for-word translation …
mittels Wort-für-Wort-‿ Übersetzung …

4P|11 M: … how motivating it is in language learning to choose your
… wie motivierend es ist in dem Sprachen‿ Lernen zu wählen Ihre

own goals …
eigenen Ziele …

4P|12 J: … and how pleasant it is to determine your own learning pace.
… und wie angenehm es ist zu bestimmen Ihr eigenes Lern‿ Tempo.

4P|13 M: And above all, you'll perceive what brain-friendly language
Und vor_allem, Sie_werden erkennen was gehirn-gerechtes Sprachen‿

learning is in essence …
Lernen ist im Wesentlichen …

4P|14 J: … it is, in fact, the use of more senses and more levels
… es ist, eigentlich, die Nutzung von mehr Sinnen und mehr Ebenen

of consciousness than with conventional language learning.
von Bewusstsein als bei klassischem Sprachen‿ Lernen.

4P|15 M: You will read consciously, listen consciously and consciously
Sie werden lesen bewusst, zuhören bewusst und bewusst

form pictures in your mind.
schaffen Bilder in Ihrem Geist.

4P|16 J: But you'll also listen subconsciously, thereby delegating a
Aber Sie_werden auch zuhören unterbewusst, dadurch delegierend einen

large part of the learning work to your subconscious.
Großteil von der Lern‿ Arbeit an Ihr Unterbewusstsein.

4P|17 M: This does not cost a minute of your valuable time and
Dies tut nicht kosten eine Minute von Ihrer wertvollen Zeit und

will prove to you that passive learning functions splendidly.
wird beweisen zu Ihnen dass passives Lernen funktioniert hervorragend.

4P|18 J: And the best of it is: you just have to let go …
Und das Beste davon ist: Sie nur haben zu zulassen es …

4P|19 M: Simply go along with it, while you accompany Jane and me
Einfach mitgehen Sie damit, während Sie begleiten Jane und mich

through the town …
durch die Stadt …

Prologue

4P|01 M: We'd like to wish you a hearty welcome to Part Two of our course "English for Advanced Learners".

4P|02 J: You have made a decision …

4P|03 M: … the decision to expand your knowledge of English in a brain-friendly way.

4P|04 J: It makes no difference whether you already have some experience of the Birkenbihl Method or whether this is your first contact with this method.

4P|05 M: If you have worked with Birkenbihl courses, then you already know how easy learning a language can be …

4P|06 J: … with no swotting up vocabulary and grammar rules, no teacher, no fellow-pupils …

4P|07 M: … simply making use of your subconscious, with the freedom to acquire of the four basic skills – understanding, speaking, reading and writing – only those you wish to acquire.

4P|08 J: If this is your first Birkenbihl course with which you wish to learn a foreign language, you'll be having some new experiences.

4P|09 M: You'll find out …

4P|10 J: … how instructive it is to reveal a foreign language structure by means of word-for-word translation …

4P|11 M: … how motivating it is in language learning to choose your own goals …

4P|12 J: … and how pleasant it is to determine your own learning pace.

4P|13 M: And above all, you'll perceive what brain-friendly language learning is in essence …

4P|14 J: … it is, in fact, the use of more senses and more levels of consciousness than with conventional language learning.

4P|15 M: You will read consciously, listen consciously and consciously form pictures in your mind.

4P|16 J: But you'll also listen subconsciously, thereby delegating a large part of the learning work to your subconscious.

4P|17 M: This does not cost a minute of your valuable time and will prove to you that passive learning functions splendidly.

4P|18 J: And the best of it is: you just have to let go …

4P|19 M: Simply go along with it, while you accompany Jane and me through the town …

Lektion 31: Schaufensterauslagen

(Mike und Jane bleiben vor einer Nobelboutique stehen und betrachten die Auslagen im Schaufenster.)

31|01 J: Schauen Sie sich jene Schaufensterpuppe mit der Unterwäsche an. Wer kann sich solche Dinge leisten? Das Unterhemd, die Unterhose und die Strümpfe kosten so viel wie in anderen Geschäften ein ganzes Kleid.

31|02 M: Nun, aber es ist Designerunterwäsche.

31|03 J: Nur weil es irgendwo an dem Kleidungsstück ein Etikett mit dem Namen eines Designers gibt, bedeutet das nicht, dass ich solche Preise zahle! Und für Unterwäsche schon gleich gar nicht.

31|04 M: Ah, dann schauen Sie bei Oberbekleidung schon auf Markennamen?

31|05 J: Nein, nicht einmal da. Obwohl es viele meiner Freunde tun.

31|06 M: Es ist merkwürdig, dass Markennamen heutzutage oft wichtiger als die Produkte dahinter sind.

31|07 J: Ja, ich kenne dieses Phänomen von meinem Neffen Bobby. Wenn er neue Turnschuhe oder Jeans oder ein neues Hemd bekommt, müssen sie einfach von einer bestimmten Firma sein. Sonst ist der Ärger vorprogrammiert.

31|08 M: Ich kann das verstehen. Kinder wie Bobby sind eine sehr spezielle Zielgruppe der Werbung im Fernsehen, im Radio oder auf Plakaten. Wenn jemandem, der erst neun Jahre alt ist, ständig die Idee suggeriert wird, dass sein ganzes Glück von dieser oder jener Jeansmarke abhängt, hat das eine Wirkung. Und Kinder sind gegenüber dem weit weniger widerstandsfähig als Erwachsene.

31|09 J: Sie haben recht.

(Sie betrachten ein weiteres Schaufenster.)

31|10 J: Viele der Dinge, die in den Geschäften so teuer sind, mache ich mir selbst.

31|11 M: Haben Sie das Kleid, das Sie heute tragen, selbst gemacht?

31|12 J: Ja.

31|13 M: Kompliment! Es steht Ihnen ausgezeichnet.

31|14 J: Danke!

(Sie schlendern weiter und kommen an einem Elektrofachgeschäft vorbei, vor dem ein Zeitungskiosk steht. Mike und Jane blicken durchs Schaufenster ins Innere des Geschäftes.)

31|15 J: Meine Güte! Wo soll das alles enden? Fernseher, Radios, Computer, Telefone, Faxgeräte in jenem Geschäft und Unmengen von Zeitungen und Zeitschriften an diesem Kiosk. Und all diese Medien überschwemmen uns einfach mit Informationen. Wofür brauchen wir das alles eigentlich?

31|16 M: Nun, machen wir ein Frage-Antwort-Spiel. Was tun Sie, wenn Sie wissen wollen, wie das morgige Wetter sein wird?

31|17 J: Nun … ich schaue mir die Wettervorhersage im Fernsehen an.

31|18 M: Und was tun Sie, wenn Sie wissen wollen, wie gewisse Aktien an der Börse notiert sind?

31|19 J: Oh Gott, Aktien … Nun, ich könnte … ich könnte einen Blick in eine Wirtschaftszeitung werfen oder … oder einen Telefondienst anrufen.

31|20 M: Sie kochen gerne. Wo finden Sie Ihre Rezepte?

31|21 J: Nun, was ich am meisten mag, ist das Nachkochen von Rezepten aus Zeitschriften. Und ich schaue mir gerne Kochsendungen im Fernsehen an. Wir werden in unserem Wohnblock bald Kabelfernsehen bekommen. Dann kann ich einen speziellen Kanal empfangen, wo den ganzen Tag lang Kochsendungen laufen.

31|22 M: Sie haben mir erzählt, dass Sie gerne Kleider machen. Wo bekommen Sie Ihre Vorlagen her?

31|23 J: Ich bekomme sie meistens aus Zeitschriften. Aber als ich neulich bei meiner Schwester Karen zu Besuch war, hat Bobby mir seinen Computer gezeigt. Er ist mit dem Internet verbunden, und Bobby hat sofort einige Schnittvorlagen für mich im Netz gefunden. Ich war wirklich begeistert, und vielleicht werde ich … Ah, jetzt weiß ich, worauf Sie hinauswollen. Wenn es um Themen geht, die uns nicht sehr interessieren, entwickeln wir nicht viel Initiative, um Informationen zu erhalten.

31|24 M: Genau. Aber sobald unsere eigenen Interessen betroffen sind, tun wir alles, um Informationen zu bekommen …

31|25 J: … und hören auf, gegenüber neuen Medien so skeptisch zu sein.
(Jane lächelt Mike an.)

31|26 J: Nun, ich wette, es gibt ein Mediengebiet, von dem Sie nie abhängig waren.

31|27 M: Was für ein Gebiet meinen Sie?

31|28 J: Hm, nun, Kontaktanzeigen …

Dekodierte Fassung

Lesson Thirty-one: Shop window displays
Lektion Einunddreißig: Schaufenster‿ Auslagen

(…)
(…)

31|01 J: Look at that shop window dummy with the lingerie. Who
Schauen Sie auf jene Schaufenster‿ Puppe mit der Unterwäsche. Wer

can afford such things? The vest, pants and
kann leisten sich solche Dinge? Das Unterhemd, die Unterhosen und

tights cost as much as an entire dress in other shops.
Strümpfe kosten so viel wie ein ganzes Kleid in anderen Geschäften.

31|02 M: Well, but it's designer underwear.
Nun, aber es_ist Designer‿ Unterwäsche.

31|03 J: Just because there's a label with the name of a designer
Nur weil da_ist ein Etikett mit dem Namen von einem Designer

somewhere on a garment doesn't mean I'll
irgendwo an einem Kleidungsstück tut_nicht bedeuten, dass ich_werde

pay prices like that! And certainly not for underwear.
zahlen Preise solcherart! Und wirklich nicht für Unterwäsche.

31|04 M: Ah, then you look at brand names on outer garments?
Ah, dann Sie schauen auf Marken‿ Namen an Oberbekleidung?

31|05 J: No, not even on them. Though a lot of my friends do.
Nein, nicht_einmal an ihnen. Obwohl eine Menge von meinen Freunden tun.

31|06 M: It's odd that nowadays brand names are often more
Es_ist merkwürdig dass heutzutage Marken‿ Namen sind oft mehr

important than the products representing them.
wichtig als die Produkte darstellend sie.

31|07 J: Yes, I know this phenomenon from my nephew Bobby. When
Ja, ich kenne dieses Phänomen von meinem Neffen Bobby. Wenn

he gets new trainers or jeans or a new shirt, they
er bekommt neue Turnschuhe oder Jeans oder ein neues Hemd, sie

simply have to be from a particular firm. Otherwise you
einfach haben zu sein von einer bestimmten Firma. Sonst Sie

can expect trouble.
können erwarten Ärger.

31|08 M: I can understand it. Kids like Bobby are a very special
Ich kann verstehen es. Kinder wie Bobby sind eine sehr spezielle

target group of advertising on television, radio or posters.
Ziel‿ Gruppe von Werbung auf Fernsehen, Radio oder Plakaten.

When someone who's only nine years old is constantly presented
Wenn jemand der_ist erst neun Jahre alt ist ständig präsentiert

with the idea that his entire happiness depends on this or that
mit der Idee dass sein ganzes Glück abhängt auf dieser oder jener

brand of jeans, it makes an impression. And children are far
Marke von Jeans, es macht einen Eindruck. Und Kinder sind weit

less resistant to this than adults.
weniger widerstandsfähig dazu als Erwachsene.

31|09 J: Yes, you're right.
Ja, Sie_sind richtig.

(...)
(...)

31|10 J: I make a lot of things that are so expensive in the
Ich mache eine Menge von Dingen die sind so teuer in den

shops myself.
Geschäften mir_selbst.

31|11 M: Did you make the dress you're wearing today?
Taten Sie machen das Kleid, das Sie_sind tragend heute?

31|12 J: Yes.
Ja.

31|13 M: My compliments! It suits you perfectly.
Meine Komplimente! Es steht Ihnen ausgezeichnet.

31|14 J: Thanks!
Danke!

(...)
(...)

31|15 J: My goodness! Where will it all end? TV sets, radios,
Meine Güte! Wo wird es alles enden? TV-Geräte, Radios,

computers, telephones, fax machines in that shop and
Computer, Telefone, Fax‿ Geräte in jenem Geschäft und

vast quantities of newspapers and magazines at this kiosk. And
Unmengen von Zeitungen und Zeitschriften an diesem Kiosk. Und

all these media are just deluging us with information.
all diese Medien sind einfach überschwemmend uns mit Information.

What do we actually need it all for?
Was tun wir eigentlich brauchen es alles für?

31|16 M: Well, let's play a question-and-answer game. What do
Nun, lassen_Sie_uns spielen ein Frage-und-Antwort-‿ Spiel. Was tun

you do when you want to know what tomorrow's
Sie tun wenn Sie wünschen zu wissen was des morgigen_Tages

weather will be like?
Wetter wird sein wie?

31|17 J: Well … I watch the weather forecast on television.
Nun … Ich anschaue die Wetter‿ Vorhersage auf dem Fernsehen.

31|18 M: And what do you do when you want to know how certain
Und was tun Sie tun wenn Sie wünschen zu wissen wie gewisse

shares are being quoted on the stock exchange?
Aktien sind seiend notiert an der Börse?

31|19 J: Oh God, shares … Well, I could … I could take a
Oh Gott, Aktien … Nun, ich könnte … ich könnte nehmen einen

look at some financial paper or … or ring a telephone service.
Blick auf eine Wirtschaftszeitung oder … oder anrufen einen Telefon‿ Dienst.

31|20 M: You enjoy cooking. Where do you find your recipes?
Sie genießen Kochen. Wo tun Sie finden Ihre Rezepte?

31|21 J: Well, what I like best is following recipes from
Nun, was ich mag am besten ist zu folgen Rezepten aus

magazines. And I enjoy watching cookery programmes on
Zeitschriften. Und ich genieße anzuschauen Koch‿ Sendungen auf dem

television. We're soon getting cable TV in our block
Fernsehen. Wir_sind bald bekommend Kabel-‿ TV in unserem Block

of flats. Then I'll be able to receive a
von Wohnungen. Dann ich_werde sein fähig zu empfangen einen

special channel with cookery programmes running all day long.
speziellen Kanal mit Koch‿ Sendungen laufend all den Tag lang.

31|22 M: You told me you like dressmaking. Where do you
Sie erzählten mir, dass Sie mögen Kleidermachen. Wo tun Sie

get your patterns?
bekommen Ihre Vorlagen?

31|23 J: I mostly get them from magazines. But when I was
Ich meistens bekomme sie aus Zeitschriften. Aber als ich war

visiting my sister Karen recently, Bobby showed me his
besuchend meine Schwester Karen neulich, Bobby zeigte mir seinen

computer. He's connected to the Internet and he immediately found
Computer. Er_ist verbunden zu dem Internet und er sofort fand

me some dress patterns on the Net. I was really
für mich einige Schnittvorlagen auf dem Netz. Ich war wirklich

thrilled and perhaps I'll … Ah, now I know what you're
begeistert und vielleicht ich_werde … Ah, jetzt ich weiß was Sie_sind

getting at. When it's a matter of subjects that don't
gelangend an. Wenn es_ist eine Sache von Themen die tun_nicht

interest us much, we don't take much initiative to
interessieren uns viel, wir tun_nicht nehmen viel Initiative zu

obtain information.
erhalten Information.

31|24 M: Exactly. But as soon as our own interests are involved,
Genau. Aber so‿ bald wie unsere eigenen Interessen sind betroffen,

we'll do anything to get information …
wir_werden tun alles zu bekommen Information …

31|25 J: … and stop being so sceptical about new media.
… und aufhören zu sein so skeptisch über neue Medien.

(…)
(…)

31|26 J: Well, I bet there's one area of the media you've
Nun, ich wette da_ist ein Gebiet von den Medien, das Sie_haben

never depended on.
nie abgehangen auf.

31|27 M: What area do you mean?
Was für ein Gebiet tun Sie meinen?

31|28 J: Hm, well, the contact ads …
Hm, nun, die Kontakt‿ Anzeigen …

Englische Fassung

Lesson Thirty-one: Shop window displays

(…)

31|01 J: Look at that shop window dummy with the lingerie. Who can afford such things? The vest, pants and tights cost as much as an entire dress in other shops.

31|02 M: Well, but it's designer underwear.

31|03 J: Just because there's a label with the name of a designer somewhere on a garment doesn't mean I'll pay prices like that! And certainly not for underwear.

31|04 M: Ah, then you look at brand names on outer garments?

31|05 J: No, not even on them. Though a lot of my friends do.

31|06 M: It's odd that nowadays brand names are often more important than the products representing them.

31|07 J: Yes, I know this phenomenon from my nephew Bobby. When he gets new trainers or jeans or a new shirt, they simply have to be from a particular firm. Otherwise you can expect trouble.

31|08 M: I can understand it. Kids like Bobby are a very special target group of advertising on television, radio or posters. When someone who's only nine years old is constantly presented with the idea that his entire happiness depends on this or that brand of jeans, it makes an impression. And children are far less resistant to this than adults.

31|09 J: Yes, you're right.

(…)

31|10 J: I make a lot of things that are so expensive in the shops myself.

31|11 M: Did you make the dress you're wearing today?

31|12 J: Yes.

31|13 M: My compliments! It suits you perfectly.

31|14 J: Thanks!

(…)

31|15 J: My goodness! Where will it all end? TV sets, radios, computers, telephones, fax machines in that shop and vast quantities of newspapers and magazines at this kiosk. And all these media are just deluging us with information. What do we actually need it all for?

31|16 M: Well, let's play a question-and-answer game. What do you do when you want to know what tomorrow's weather will be like?

31|17 J: Well … I watch the weather forecast on television.

31|18 M: And what do you do when you want to know how certain shares are being quoted on the stock exchange?

31|19 J: Oh God, shares … Well, I could … I could take a look at some financial paper or … or ring a telephone service.

31|20 M: You enjoy cooking. Where do you find your recipes?

31|21 J: Well, what I like best is following recipes from magazines. And I enjoy watching cookery programmes on television. We're soon getting cable TV in our block of flats. Then I'll be able to receive a special channel with cookery programmes running all day long.

31|22 M: You told me you like dressmaking. Where do you get your patterns?

31|23 J: I mostly get them from magazines. But when I was visiting my sister Karen recently, Bobby showed me his computer. He's connected to the Internet and he immediately found me some dress patterns on the Net. I was really thrilled and perhaps I'll … Ah, now I know what you're getting at. When it's a matter of subjects that don't interest us much, we don't take much initiative to obtain information.

31|24 M: Exactly. But as soon as our own interests are involved, we'll do anything to get information …

31|25 J: … and stop being so sceptical about new media.

(…)

31|26 J: Well, I bet there's one area of the media you've never depended on.

31|27 M: What area do you mean?

31|28 J: Hm, well, the contact ads …

(Mike und Jane, ein wenig müde vom Bummeln, setzen sich in ein Café. Jane sieht eine nobel gekleidete Frau vorbeigehen.)

32|01 J: Schauen Sie! Da geht eine Frau vorbei, deren Schmuck so viel wert sein muss wie ein Auto. Sie ist wahrscheinlich in eine Wolke teuersten Parfüms eingehüllt, das man noch aus einiger Entfernung riechen kann. Nun, wenn ich so viel Geld hätte, würde ich es wirklich nicht für Halsketten, Armbänder und Ohrringe oder für teures Parfüm ausgeben.

32|02 M: Wenn Sie viel Geld hätten, für was würden Sie es ausgeben?

32|03 J: Oh, ich würde einen Traum Wirklichkeit werden lassen. Ich würde ein kleines Haus irgendwo auf dem Land kaufen. Und Sie? Wenn Sie viel Geld hätten, für was würden Sie es ausgeben?

32|04 M: Nun, zunächst würde ich eine Freundin zu Kaffee und Kuchen einladen.

32|05 J: Oh, danke!

(Eine Kellnerin kommt an den Tisch. Mike bestellt für sich und Jane Kaffee und Kuchen.)

32|06 M: Und dann würde ich, wenn ich reich wäre, dieser Freundin eine kleine Freude machen.

(Mike winkt einen im Café erschienenen Blumenverkäufer herbei, kauft ihm eine Rose ab und überreicht sie Jane. Jane denkt sofort an den Blumenstrauß, den Mike ihr heute mitgebracht hat.)

32|07 J: Oh, zweimal Blumen vom selben Mann an einem Tag … Danke, Mike.

32|08 M: Gern geschehen.

32|09 J: Und jetzt zurück zum Thema – wenn Sie im Lotto gewinnen oder eine große Summe erben würden, wie würden Sie Ihr Leben ändern?

32|10 M: Ich denke nicht, dass sich allzu viel ändern würde. Ich würde weiter arbeiten, und ich würde in meiner Freizeit dieselben Dinge tun wie jetzt. Ich hätte nur die Gewissheit, in schlechten Zeiten auf eine Reserve zurückgreifen zu können.

(Jane betrachtet gedankenverloren die Rose.)

32|11 J: Das ist witzig. Dieses Wenn-Dann-Spiel, das wir in der Gegenwart spielen, ist etwas, das die meisten Menschen in der Vergangenheit spielen.

32|12 M: Wie meinen Sie das?

32|13 J: Nun, ich habe gerade an meinen Onkel gedacht. Je älter er wird, desto öfter sagt er Dinge wie: „Oh, wenn nur das nicht geschehen wäre …“ oder „Oh, wenn ich nur das und das getan hätte …“

32|14 M: Das ist interessant. Was sagt er denn?

32|15 J: Nun, ich höre ihn zum Beispiel sehr oft sagen „Wenn der Zweite Weltkrieg nicht ausgebrochen wäre, wäre ich nicht in die Armee eingezogen worden, und ich hätte studieren können, nachdem ich die Schule verlassen habe.“

32|16 M: Nun, das traf viele Menschen.

32|17 J: Wie wahr. Eine andere Sache, die er häufig sagt, ist: „Oh, wenn ich nur in den Fünfzigerjahren Beamter geworden wäre, dann müsste ich mich jetzt nicht darum sorgen, meinen Job zu behalten.“

32|18 M: Hm. Ich glaube, Ihr Onkel ist einer jener Menschen, die sich gerne als Opfer ihres Schicksals sehen, anstatt ihr Schicksal als Herausforderung zu sehen und das Beste daraus zu machen.

32|19 J: Oder sie schauen immer in die Vergangenheit zurück und bedauern die Chancen, die sie verpasst haben, anstatt Ziele für die Zukunft zu setzen und sie mit Entschlossenheit zu verfolgen.

32|20 M: Sie haben recht. Sich feste Ziele für die Zukunft zu setzen, ist unheimlich wichtig. Vielleicht kennen Sie den Leitsatz von Vera F. Birkenbihl: „Wer keine Ziele hat, hat die große Freiheit des Treibsandes“.

32|21 J: Hmm … sie meint wahrscheinlich, dass jemand ohne irgendwelche Ziele vom Wind wie eine treibende Sanddüne hin und her geweht wird.

32|22 M: Genau.

32|23 J: Zu Beginn dieses Jahres habe ich mir zum Beispiel das Ziel gesetzt, meine Wohnung bis zu einem gewissen Datum renoviert zu haben. Und ich hab’s getan!
(Eine Kellnerin bringt den Kaffee und den Kuchen. Mike und Jane beginnen zu essen. Als sie fertig sind, zahlt Mike die Rechnung. Mike und Jane erheben sich, verlassen das Café und bummeln weiter.)

Dekodierte Fassung

Lesson Thirty-two: “If, if, if …”
Lektion Zweiunddreißig: „Wenn, wenn, wenn …“

(...)
(...)

32|01 J: Look! There’s a woman going past whose jewellery must
Schauen Sie! Da_ist eine Frau gehend vorbei deren Schmuck muss

be worth as much as a car. She’s probably enveloped in
sein wert so viel wie ein Auto. Sie_ist wahrscheinlich eingehüllt in

a cloud of the most expensive perfume, which you can
eine Wolke von dem meist teuren Parfüm, welches man kann

smell from quite a distance. Well, if I had as much
riechen aus ziemlich einer Entfernung. Nun, wenn ich hätte so viel

money, I certainly wouldn’t spend it on necklaces, bracelets
Geld, ich wirklich würde_nicht ausgeben es auf Halsketten, Armbänder

and earrings or on expensive perfume.
und Ohrringe oder auf teures Parfüm.

32|02 M: If you had a lot of money, what would you spend it on?
Wenn Sie hätten eine Menge von Geld, was würden Sie ausgeben es auf?

32|03 J: Oh, I’d turn a dream into reality. I’d
Oh, ich_würde verwandeln einen Traum in Wirklichkeit. Ich_würde

buy a small house somewhere in the country. And you? If
kaufen ein kleines Haus irgendwo auf_dem_Land. Und Sie? Wenn

you had a lot of money, what would you spend it on?
Sie hätten eine Menge von Geld, was würden Sie ausgeben es auf?

32|04 M: Well, first of all I'd invite a friend to have coffee and
Nun, zunächst ich_würde einladen eine Freundin zu haben Kaffee und

cakes.
Kuchen.

32|05 J: Oh, thank you!
Oh, danke!

(...)
(...)

32|06 M: And then, if I were rich, I would give this friend
Und dann, wenn ich wäre reich, ich würde geben dieser Freundin

a little treat.
eine kleine Freude.

(...)
(...)

32|07 J: Oh, two lots of flowers from the same man in one day
Oh, zwei Mengen von Blumen von dem‿ selben Mann in einem Tag

... Thank you, Mike.
... Danke, Mike.

32|08 M: You're welcome.
Sie_sind willkommen.

32|09 J: And now back to the subject – if you were to win a
Und jetzt zurück zu dem Thema – wenn Sie sollten gewinnen eine

lottery or inherit a large sum, how would you change your life?
Lotterie oder erben eine große Summe, wie würden Sie ändern Ihr Leben?

32|10 M: I don't think anything much would change. I'd
Ich tue_nicht denken, dass allzu_viel würde ändern sich. Ich_würde

carry on working and I'd do the same things in
weitermachen zu arbeiten und ich_würde tun die‿ selben Dinge in

my free time as I do now. I'd just have the
meiner Frei‿ Zeit wie ich tue jetzt. Ich_würde nur haben die

certainty of being able to count on something in reserve
Gewissheit da‿ von, zu sein fähig zu zählen auf etwas in Reserve

for a rainy day.
für einen regnerischen Tag.

(...)
(...)

32|11 J: It's funny. This game of "If only, what then?" that we're
Es_ist witzig. Dieses Spiel von „Wenn nur, was dann?" das wir_sind

playing in the present is something most people
spielend in der Gegenwart ist etwas, das die meisten Menschen

play in the past.
spielen in der Vergangenheit.

32|12 M: How do you mean?
Wie tun Sie meinen?

32|13 J: Well, I was just thinking of my uncle. The older he gets,
Nun, ich war gerade denkend von meinem Onkel. Je älter er wird,

the more often he says things like: "Oh, if only that hadn't
desto mehr oft er sagt Dinge wie: „Oh, wenn nur das hätte_nicht

happened ..." or "Oh, if only I'd done such and such ..."
geschehen ..." oder „Oh, wenn nur ich_hätte getan das_und_das ..."

32|14 M: That's interesting. What does he say then?
Das_ist interessant. Was tut er sagen denn?

32|15 J: Well, for instance, I very often hear him say "If the Second
Nun, für Beispiel, ich sehr oft höre ihn sagen „Wenn der Zweite

World War hadn't happened, I wouldn't have been
Welt_ Krieg hätte_nicht geschehen, ich würde_nicht haben gewesen

conscripted into the army and I would have been able to
eingezogen in die Armee und ich würde haben gewesen fähig zu

study after leaving school."
studieren nach dem Verlassen der Schule."

32|16 M: Well, that happened to a lot of people.
Nun, das geschah zu einer Menge von Menschen.

32|17 J: True. Another thing he frequently says is "Oh, if only
Wahr. Eine_andere Sache, die er häufig sagt ist „Oh, wenn nur

I'd become a civil servant in the Fifties, I wouldn't
ich_hätte geworden ein Beamter in den Fünfzigern, ich würde_nicht

have to worry about keeping my job now.”
haben zu sorgen mich dar‿ über, zu behalten meinen Job jetzt.“

32|18 M: Hm. I feel your uncle is one of those people who like
Hm. Ich fühle Ihr Onkel ist einer von jenen Menschen die mögen

to see themselves as the victims of their fate, instead
zu sehen sich_selbst als die Opfer von ihrem Schicksal, anstatt da‿

of seeing their fate as a challenge and making
von, zu sehen ihr Schicksal als eine Herausforderung und zu machen

the best of it.
das Beste davon.

32|19 J: Or they’re always looking back at the past and
Oder sie_sind immer schauend zurück auf die Vergangenheit und

regretting the chances they’ve missed, instead of
bedauernd die Chancen, die sie_haben verpasst, anstatt da‿ von, zu

setting goals for the future and pursuing them with determination.
setzen Ziele für die Zukunft und zu verfolgen sie mit Entschlossenheit.

32|20 M: You’re right. Setting firm goals for the future is terribly
Sie_sind richtig. Zu setzen feste Ziele für die Zukunft ist unheimlich

important. Perhaps you know Vera F. Birkenbihl’s maxim: “Those
wichtig. Vielleicht Sie kennen Vera F. Birkenbihls Leitsatz: „Jene

with no aims have all the freedom of drifting sand.”
mit keinen Zielen haben all die Freiheit von Treib‿ Sand.“

32|21 J: Hmm … she probably means that someone without any
Hmm … sie wahrscheinlich meint dass jemand ohne irgendwelche

aims is blown to and fro by the wind like a drifting sand dune.
Ziele ist geweht hin und her durch den Wind wie eine treibende Sand‿ Düne.

32|22 M: Exactly.
Genau.

32|23 J: At the beginning of this year, for instance, I set myself
An dem Beginn von diesem Jahr, für Beispiel, ich setzte mir_selbst

the goal of having my flat renovated by a
das Ziel da‿ von, zu haben meine Wohnung renoviert bis_zu einem

certain date. And I’ve done it!
gewissen Datum. Und ich_habe getan es!

Lesson Thirty-two: "If, if, if …"

32|01 J: Look! There's a woman going past whose jewellery must be worth as much as a car. She's probably enveloped in a cloud of the most expensive perfume, which you can smell from quite a distance. Well, if I had as much money, I certainly wouldn't spend it on necklaces, bracelets and earrings or on expensive perfume.

32|02 M: If you had a lot of money, what would you spend it on?

32|03 J: Oh, I'd turn a dream into reality. I'd buy a small house somewhere in the country. And you? If you had a lot of money, what would you spend it on?

32|04 M: Well, first of all I'd invite a friend to have coffee and cakes.

32|05 J: Oh, thank you!

(…)

32|06 M: And then, if I were rich, I would give this friend a little treat.

(…)

32|07 J: Oh, two lots of flowers from the same man in one day … Thank you, Mike.

32|08 M: You're welcome.

32|09 J: And now back to the subject – if you were to win a lottery or inherit a large sum, how would you change your life?

32|10 M: I don't think anything much would change. I'd carry on working and I'd do the same things in my free time as I do now. I'd just have the certainty of being able to count on something in reserve for a rainy day.

(…)

32|11 J: It's funny. This game of "If only, what then?" that we're playing in the present is something most people play in the past.

32|12 M: How do you mean?

32|13 J: Well, I was just thinking of my uncle. The older he gets, the more often he says things like: "Oh, if only that hadn't happened …" or "Oh, if only I'd done such and such …"

32|14 M: That's interesting. What does he say then?

32|15 J: Well, for instance, I very often hear him say "If the Second World War hadn't happened, I wouldn't have been conscripted into the army and I would have been able to study after leaving school."

32|16 M: Well, that happened to a lot of people.

32|17 J: True. Another thing he frequently says is "Oh, if only I'd become a civil servant in the Fifties, I wouldn't have to worry about keeping my job now."

32|18 M: Hm. I feel your uncle is one of those people who like to see themselves as the victims of their fate, instead of seeing their fate as a challenge and making the best of it.

32|19 J: Or they're always looking back at the past and regretting the chances they've missed, instead of setting goals for the future and pursuing them with determination.

32|20 M: You're right. Setting firm goals for the future is terribly important. Perhaps you know Vera F. Birkenbihl's maxim: "Those with no aims have all the freedom of drifting sand."

32|21 J: Hmm … she probably means that someone without any aims is blown to and fro by the wind like a drifting sand dune.

32|22 M: Exactly.

32|23 J: At the beginning of this year, for instance, I set myself the goal of having my flat renovated by a certain date. And I've done it!

Lektion 33: Unfälle

(Das Geräusch quietschender Reifen lässt Mike und Jane herumfahren. Beide sehen, wie ein etwa zehnjähriger Junge von einem Auto angefahren wird. Der Junge wird zu Boden geworfen. Sofort strömen Menschen zusammen.)

33|01 M: Warten Sie hier einen Moment, Jane.

(Nach etwa zwei Minuten kommt Mike zu Jane zurück.)

33|02 M: Uff, es sieht so aus, als ob nichts Schlimmes geschehen ist. Der kleine Junge hat nur ein paar Schürfwunden abbekommen. Einer der Passanten ist Arzt, und er konnte gleich Erste Hilfe leisten. Haben Sie gesehen, wie der Unfall geschehen ist?

33|03 J: Nein, ich habe mich erst umgedreht, als ich die Reifen quietschen hörte. Ich habe nur gesehen, wie der Junge durch den Schock erstarrte, vom Auto angefahren und zu Boden geworfen wurde. Ob der Junge oder der Fahrer schuld war, kann ich nicht sagen.

33|04 M: Die Passanten, die den Unfall miterlebten, können sich auch nicht einigen. Einige denken, dass das Auto zu schnell gefahren ist, andere sind der Ansicht, dass der Junge weder nach links noch nach rechts geschaut hat, bevor er vom Gehsteig auf die Straße getreten ist.

33|05 J: Vielleicht sind sie beide schuld. Der Fahrer hat die Geschwindigkeitsbegrenzung überschritten, und der kleine Junge hat die Straße nicht am Zebrastreifen oder an Ampeln überquert.

33|06 M: Ah, hier kommen der Krankenwagen und ein Polizeiauto.

(Mike und Jane beobachten die Szenerie, bis der Junge auf einer Trage in den Krankenwagen gehoben wird. Mike wendet sich noch an einen der Beamten und gibt ihm für eventuelle spätere Zeugenbefragungen seine Adresse.)

33|07 M: Hätten Sie Erste Hilfe leisten können?

33|08 J: Ja, ich denke schon. Seit ich meine Fahrprüfung bestanden habe, habe ich drei Erste-Hilfe-Kurse besucht. Wissen Sie, meine Schwester Karen ist Krankenschwester in einer Notaufnahme, und sie erzählt mir oft von Unfallopfern, die bleibende Schäden behalten, weil keine oder ungenügende Erste Hilfe an der Unfallstelle geleistet wurde. Sie hat mich überzeugt, meine Kenntnisse über Erste Hilfe alle paar Jahre aufzufrischen.

33|09 M: Und mussten Sie Ihre Kenntnisse jemals nutzen?

33|10 J: Nein, Gott sei Dank. Haben Sie jemals einen Unfall gehabt?

33|11 M: Ja, es ist fast zwanzig Jahre her. Ich hatte gerade meine Motorradfahrprüfung bestanden, und ich fuhr mit meinem nagelneuen Motorrad bei ziemlich niedrigem Tempo auf einer Landstraße. Es war windig und regnete ein bisschen. Ein Lastwagen war hinter mir und setzte zum Überholen an. Und während er überholte, schob ihn der Seitenwind immer weiter her zu mir. Ich wollte anhalten, aber als ich bremste, geriet mein Motorrad ins Schleudern und rutschte weg in den Straßengraben.

33|12 J: Und dann?

33|13 M: Ich schlug so schlimm auf, dass ich bewusstlos wurde.

33|14 J: Und der Lastwagenfahrer, hat er bei Ihnen Erste Hilfe geleistet und Sie vor einer schlimmeren Verletzung bewahrt?

33|15 M: Von wegen. Ob er wirklich nicht bemerkt hat, dass er mich von der Straße geschoben hatte, oder ob es ein Fall von Fahrerflucht war, weiß ich nicht. Jedenfalls lag ich drei Stunden bewusstlos im Straßengraben, bis mich ein Autofahrer fand und einen Krankenwagen rief. Ich kam erst zu mir, als ich im Krankenhaus war.

33|16 J: Und was geschah dann?

33|17 M: Als ich zu mir kam, sah ich meine Eltern am Bett stehen. Alles, woran ich denken konnte, war natürlich das Motorrad. Als mein Vater sagte, dass es ein totales Wrack wäre, war ich äußerst bedrückt. Ich hatte zwei Jahre eisern darauf gespart, war nicht im Kino und alles, hatte in den Ferien einen Job angenommen und dann das.

33|18 J: Und Ihr Gesundheitszustand war Ihnen nicht so wichtig?

33|19 M: Die Tatsache, dass ich knapp einer Totallähmung entkommen war, war etwas, das mich damals nicht so sehr kümmerte, aber es kümmerte meine Mutter umso mehr. Hoffen wir, dass Sie solche Erfahrungen nicht gehabt haben.

33|20 J: Keine Unfälle glücklicherweise, aber ich hatte jede Menge Kinderkrankheiten – Windpocken, Masern und so weiter. Und der Blinddarm, die Mandeln und die Weisheitszähne wurden auch alle herausgenommen. Aber ich denke, dass wir das Thema wechseln sollten.

33|21 M: Einverstanden, Jane. Reden wir über angenehmere Dinge.
(Die Folgen des Unfalles sind mittlerweile beseitigt, und die Menschenansammlung hat sich verlaufen. Mike und Jane gehen weiter in Richtung Janes Wohnung.)

Dekodierte Fassung

Lesson Thirty-three: Accidents
Lektion Dreiunddreißig: Unfälle

(...)
(...)

33|01 M: Wait here a minute, Jane.
Warten Sie hier eine Minute, Jane.

(...)
(...)

33|02 M: Uff, it looks as if nothing awful happened. The little
Uff, es aussieht als ob nichts Schlimmes geschah. Der kleine

boy's just got a few grazes. One of the
Junge_hat nur abbekommen ein paar Schürfwunden. Einer von den

people passing by is a doctor and he was able to administer first
Passanten ist ein Arzt und er war fähig zu leisten Erste

aid straight away. Did you see how the accident happened?
Hilfe gleich. Taten Sie sehen wie der Unfall geschah?

33|03 J: No, I only turned round when I heard the tyres
Nein, ich erst drehte mich um als ich hörte die Reifen

screeching. I just saw how the boy went numb with shock, was
quietschen. Ich nur sah wie der Junge ging starr mit Schock, war

hit by the car and thrown to the ground. Whether it
angefahren von dem Auto und geworfen zu dem Boden. Ob es

was the boy or the driver who was to blame I
war der Junge oder der Fahrer der war zu beschuldigen ich

can't say.
kann_nicht sagen.

33|04 M: The people passing by who witnessed the accident can't agree
Die Passanten die miterlebten den Unfall können_nicht einigen

either. Some think the car was going too fast,
sich auch_nicht. Einige denken, dass das Auto war fahrend zu schnell,

others take the view that the boy looked neither left nor
andere nehmen die Sicht dass der Junge schaute weder links noch

right before stepping off the pavement into the road.
rechts bevor er war tretend von dem Gehsteig in die Straße.

33|05 J: Perhaps they're both to blame. The driver was exceeding
Vielleicht sie_sind beide zu beschuldigen. Der Fahrer war überschreitend

the speed limit and the little boy didn't
die Geschwindigkeits‿ Begrenzung und der kleine Junge tat_nicht

cross the street at the zebra crossing or the traffic lights.
überqueren die Straße an dem Zebrastreifen oder den Ampeln.

33|06 M: Ah, here come the ambulance and a police car.
Ah, hier kommen der Krankenwagen und ein Polizei‿ Auto.

(...)
(...)

33|07 M: Could you have given first aid?
Könnten Sie haben gegeben Erste Hilfe?

33|08 J: Yes, I think so. Since passing my driving test,
Ja, ich denke so. Seit dem, zu bestehen meine Fahr‿ Prüfung,

I've attended three first aid courses. Do you know, my
ich_habe besucht drei Erste-‿ Hilfe-‿ Kurse. Tun Sie wissen, meine

sister Karen is a nurse in the casualty department
Schwester Karen ist eine Krankenschwester in der Notaufnahme

and she often tells me about accident victims who suffer
und sie oft erzählt mir über Unfall‿ Opfer die erleiden einen

permanent injury because there was no or inadequate first
bleibenden Schaden weil da war keine oder ungenügende Erste

aid given at the scene of the accident. She's convinced me to
Hilfe gegeben an der Unfallstelle. Sie_hat überzeugt mich zu

refresh my knowledge of first aid every few years.
auffrischen meine Kenntnis von Erster Hilfe alle paar Jahre.

33|09 M: And have you ever had to make use of your knowledge?
Und haben Sie jemals gehabt zu machen Nutzung von Ihrer Kenntnis?

33|10 J: No, thank God. Have you ever had an accident?
Nein, Dank Gott. Haben Sie jemals gehabt einen Unfall?

33|11 M: Yes, it's almost twenty years ago. I'd just passed my
Ja, es_ist fast zwanzig Jahre her. Ich_hatte gerade bestanden meine

motor cycle driving test and I was riding my brand new
Motorrad‿ Fahr‿ Prüfung und ich war fahrend mein nagelneues

motor bike on a country road at quite an easy
Motor‿ Rad auf einer Land‿ Straße bei ziemlich einem leichten

pace. It was windy and raining a bit. There was a
Tempo. Es war windig und regnend ein bisschen. Da war ein

truck behind me starting to overtake. And while it was
Lastwagen hinter mir ansetzend zu überholen. Und während er war

overtaking, the crosswind kept pushing it further towards
überholend, der Seitenwind beibehielt zu schieben ihn weiter her_zu

me. I wanted to stop but when I braked my motor
mir. Ich wünschte zu anhalten aber als ich bremste mein Motor‿

bike went into a skid and slid over into the ditch.
Rad ging in ein Schleudern und wegrutschte in den Straßengraben.

33|12 J: And then?
Und dann?

33|13 M: I crashed so badly that I was knocked unconscious.
Ich aufschlug so schlimm dass ich wurde gestoßen bewusstlos.

33|14 J: And the truck-driver, did he give you first aid and
Und der Lastwagenfahrer, tat er geben Ihnen Erste Hilfe und

save you from worse injury?
bewahren Sie von einer schlimmeren Verletzung?

33|15 M: Far from it. Whether he really didn't notice that he'd
Von_wegen. Ob er wirklich tat_nicht bemerken dass er_hatte

pushed me off the road or whether it was a case of
geschoben mich von der Straße oder ob es war ein Fall von

hit-and-run I don't know. In any case, I lay in the
Fahrerflucht ich tue_nicht wissen. Jedenfalls, ich lag in dem

ditch unconscious for three hours until a car-driver found
Straßengraben bewusstlos für drei Stunden bis ein Autofahrer fand

me and called an ambulance. I only came to when I
mich und rief einen Krankenwagen. Ich erst kam zu mir als ich

was in hospital.
war in dem Krankenhaus.

33|16 J: And what happened then?
Und was geschah dann?

33|17 M: When I came to, I saw my parents standing at the bed.
Als ich kam zu mir, ich sah meine Eltern stehend an dem Bett.

All I could think about, of course, was the motor bike.
Alles, was ich konnte denken über, natürlich, war das Motor‿ Rad.

When my father said it was a complete wreck I was
Als mein Vater sagte, dass es wäre ein totales Wrack ich war

utterly dejected. I'd saved up for it resolutely for two years,
äußerst bedrückt. Ich_hatte gespart dafür eisern für zwei Jahre,

no going to the cinema or anything, taking some sort of job in
kein Gehen zu dem Kino oder alles, nehmend irgendeinen Job in

the holidays and now this.
den Ferien und jetzt dies.

33|18 J: And your state of health wasn't so important to you?
Und Ihr Zustand von Gesundheit war_nicht so wichtig zu Ihnen?

33|19 M: The fact that I'd narrowly escaped total paralysis
Die Tatsache dass ich_hatte knapp entkommen einer Total‿ Lähmung

was something that didn't worry me so much at the time, but
war etwas das tat_nicht kümmern mich so viel damals, aber

it certainly worried my mother. Let's hope you
es sicher kümmerte meine Mutter. Lassen_Sie_uns hoffen, dass Sie

haven't had any experiences like that.
haben_nicht gehabt irgendwelche Erfahrungen solcherart.

33|20 J: No accidents, luckily, but I had a whole lot of
Keine Unfälle, glücklicherweise, aber ich hatte eine ganze Menge von

childhood illnesses – chicken pox, measles and so on. And
Kindheits‿ Krankheiten – Windpocken, Masern und so weiter. Und

my appendix, tonsils and wisdom teeth have all
mein Blinddarm, meine Mandeln und Weisheits‿ Zähne haben alle

been taken out. But I think we should change
gewesen genommen heraus. Aber ich denke, dass wir sollten wechseln

the subject.
das Thema.

33|21 M: I agree, Jane. Let's talk about more pleasant things.
Ich zustimme, Jane. Lassen_Sie_uns reden über mehr angenehme Dinge.

(...)
(...)

Englische Fassung

Lesson Thirty-three: Accidents

(...)

33|01 M: Wait here a minute, Jane.

(...)

33|02 M: Uff, it looks as if nothing awful happened. The little boy's just got a few grazes. One of the people passing by is a doctor and he was able to administer first aid straight away. Did you see how the accident happened?

33|03 J: No, I only turned round when I heard the tyres screeching. I just saw how the boy went numb with shock, was hit by the car and thrown to the ground. Whether it was the boy or the driver who was to blame I can't say.

33|04 M: The people passing by who witnessed the accident can't agree either. Some think the car was going too fast, others take the view that the boy looked neither left nor right before stepping off the pavement into the road.

33|05 J: Perhaps they're both to blame. The driver was exceeding the speed limit and the little boy didn't cross the street at the zebra crossing or the traffic lights.

33|06 M: Ah, here come the ambulance and a police car.

(...)

33|07 M: Could you have given first aid?

33|08 J: Yes, I think so. Since passing my driving test, I've attended three first aid courses. Do you know, my sister Karen is a nurse in the casualty department and she often tells me about accident victims who suffer permanent injury because there was no or inadequate first aid given at the scene of the accident. She's convinced me to refresh my knowledge of first aid every few years.

33|09 M: And have you ever had to make use of your knowledge?

33|10 J: No, thank God. Have you ever had an accident?

33|11 M: Yes, it's almost twenty years ago. I'd just passed my motor cycle driving test and I was riding my brand new motor bike on a country road at quite an easy pace. It was windy and raining a bit. There was a truck behind me starting to overtake. And while it was overtaking, the crosswind kept pushing it further towards me. I wanted to stop but when I braked my motor bike went into a skid and slid over into the ditch.

33|12 J: And then?

33|13 M: I crashed so badly that I was knocked unconscious.

33|14 J: And the truck-driver, did he give you first aid and save you from worse injury?

33|15 M: Far from it. Whether he really didn't notice that he'd pushed me off the road or whether it was a case of hit-and-run I don't know. In any case, I lay in the ditch unconscious for three hours until a car-driver found me and called an ambulance. I only came to when I was in hospital.

33|16 J: And what happened then?

33|17 M: When I came to, I saw my parents standing at the bed. All I could think about, of course, was the motor bike. When my father said it was a complete wreck I was utterly dejected. I'd saved up for it resolutely for two years, no going to the cinema or anything, taking some sort of job in the holidays and now this.

33|18 J: And your state of health wasn't so important to you?

33|19 M: The fact that I'd narrowly escaped total paralysis was something that didn't worry me so much at the time, but it certainly worried my mother. Let's hope you haven't had any experiences like that.

33|20 J: No accidents, luckily, but I had a whole lot of childhood illnesses – chicken pox, measles and so on. And my appendix, tonsils and wisdom teeth have all been taken out. But I think we should change the subject.

33|21 M: I agree, Jane. Let's talk about more pleasant things.

(…)

(Mike und Jane kommen an einer Buchhandlung vorbei.)

34|01 J: Möchten Sie hineingehen und schmökern?

34|02 M: Ja, warum nicht?

(Mike und Jane betreten die Buchhandlung und sehen sich um.)

34|03 J: Haben Sie ein Lieblingsbuch?

34|04 M: Ich habe eigentlich kein Lieblingsbuch. Die Art von Büchern, die ich am meisten mag, sind populärwissenschaftliche Sachthemen. Wenn ich auf etwas stoße, das mich interessiert, suche ich zuerst die Art von Buch, um ins Thema zu kommen. Was lesen Sie am liebsten?

34|05 J: Oh, meine Favoriten sind Familiensagas oder Romane, in denen ich dem Leben einzelner Personen über Jahre folgen kann. In den Beschreibungen kann ich mich wirklich versenken.

34|06 M: Wahrscheinlich ist es das, was Melanie meinte, als sie davon sang, „in einem Buch zu leben".

34|07 J: Ja, genau!

(Mike und Jane sehen sich weiter um. Janes Blick fällt auf die Reiseabteilung.)

34|08 M: Mögen Sie Reisebücher?

34|09 J: Wenn sie gut geschrieben sind, ja. Oh, übrigens, mir fällt gerade ein – Karen, mein Schwager und Bobby verbringen ihren Sommerurlaub dieses Jahr in Deutschland. Karen denkt, dass sie gerne ein bisschen Deutsch lernen würde, aber sie hat keine Ahnung, wie sie es schnell lernen kann.

34|10 M: Nun, mit der Birkenbihl-Methode natürlich.

34|11 J: Sehen wir mal, ob dieses Geschäft Birkenbihl-Kurse auf Lager hat. Sie müssten da drüben sein … ich kann Wörterbücher sehen, Reiseführer … ah, Sprachkurse! Wissen Sie was, ich werde den Kurs „Deutsch für Einsteiger" kaufen und ihn Karen zum Geburtstag schenken.

34|12 M: Gute Idee.

(Jane nimmt den Kurs, geht zur Kasse und bezahlt ihn. Mike folgt ihr. Mike und Jane verlassen die Buchhandlung und setzen ihren Weg fort.)

34|13 M: Was wird es zum Abendessen geben?

(Jane lächelt.)

34|14 J: Lassen Sie sich überraschen!

34|15 M: Ich habe es Ihnen schon gesagt, aber … was mich an Ihnen am meisten fasziniert, ist Ihr Lächeln.

34|16 J: Wirklich? Mein Lächeln ist das, was Sie am meisten fasziniert? Und was ist mit dem ganzen Rest?

34|17 M: Nein, ich meine … oh, Sie wissen, was ich meine. Ihr Lächeln versprüht irgendwie gute Laune.

34|18 J: Sie haben mich noch nie in schlechter Stimmung gesehen.

34|19 M: Nun, natürlich, jeder ist hin und wieder schlecht gelaunt. Das Problem ist, wie man aus einer negativen Stimmung herauskommt …

34|20 J: Ich kenne einen guten Trick. Eine Freundin hat ihn mir vor langer Zeit verraten. Wenn ich wirklich schlechter Stimmung bin, zwinge ich mich, 60 Sekunden durchgehend zu lächeln.

34|21 M: Was?

34|22 J: Ich stelle mich vor einen Spiegel oder hole meinen Taschenspiegel heraus, schaue hinein, ziehe meine Mundwinkel hoch und spanne die Muskeln eine ganze Minute an. Zuerst ist es natürlich nur eine Grimasse, aber im Laufe der 60 Sekunden verwandelt es sich fast immer in ein echtes Lächeln. Jedenfalls fühle ich mich nachher immer besser als vorher.

34|23 M: Ah. Und wie funktioniert es?

34|24 J: Es ist eine Art Wechselwirkung zwischen Körper und Seele. Wenn Sie gut gelaunt sind, sagt der Körper der Seele, er soll lächeln, und Ihre Mundwinkel gehen hoch. Wenn Sie verärgert sind, sagen Sie Ihrem Körper, er soll lächeln. Die Seele erhält die Nachricht und folgert: „Ah, die Mundwinkel gehen hoch, also ist es Zeit für gute Laune." Es klingt fantastisch, aber es funktioniert.
(Mike beginnt zu grinsen.)

34|25 J: Ist das Ihr erster Versuch?

34|26 M: Nein, nein. Ich habe mir nur vorgestellt, wie ich in einer Besprechung sitze und plötzlich 60 Sekunden gekünstelt lächle. Ein solches Grinsen muss ziemlich witzig aussehen.

34|27 J: Aber Mike, Sie sollen das nicht in der Öffentlichkeit tun. Nur wenn Sie keiner sehen kann. Das ist Kommunikation mit sich selbst, kein Signal an die Außenwelt.

34|28 M: Und was, wenn ich mitten in einer schwierigen Besprechung bin?

34|29 J: Dann müssen Sie sich entschuldigen und auf die Toilette gehen.

34|30 M: Ah, gute Idee.

34|31 J: Und schon sind wir wieder daheim.

Dekodierte Fassung

Lesson Thirty-four: Good humour
Lektion Vierunddreißig: Gute Laune

(...)
(...)

34|01 J: Would you like to go in and browse?
Würden Sie mögen zu gehen hinein und schmökern?

34|02 M: Yes, why not?
Ja, warum nicht?

(...)
(...)

34|03 J: Have you a favourite book?
Haben Sie ein Lieblings‿ Buch?

34|04 M: I haven't actually any favourite book. The kind of
Ich habe_nicht eigentlich irgendein Lieblings‿ Buch. Die Art von

books I like best are popular science,
Büchern, die ich mag am besten sind Populär-‿ Wissenschaft,

non-fiction. If I stumble on something that interests me,
Sachthemen. Wenn ich stoße auf etwas das interessiert mich,

that's the sort of book I look for first, to get into the
das_ist die Art von Buch, die ich suche zuerst, zu kommen in das

subject. What do you like reading best?
Thema. Was tun Sie mögen zu lesen am besten?

34|05 J: Oh, my favourites are family sagas or novels in which
Oh, meine Favoriten sind Familien‿ Sagas oder Romane in welchen

I can follow the lives of individuals over the years. I
ich kann folgen den Leben von Einzelpersonen über die Jahre. Ich

can really submerge myself in the descriptions.
kann wirklich versenken mich_selbst in den Beschreibungen.

34|06 M: That's probably what Melanie meant when she sang about
Das_ist wahrscheinlich was Melanie meinte als sie sang dar‿ über,

"Living in a Book".
zu „Leben in einem Buch".

34|07 J: Yes, exactly!
Ja, genau!

(...)
(...)

34|08 M: Do you like travel books?
Tun Sie mögen Reise‿ Bücher?

34|09 J: When they're well written, yes. Oh, by the way, it's just
Wenn sie_sind gut geschrieben, ja. Oh, übrigens, es_hat gerade

occurred to me – Karen, my brother-in-law and Bobby are
eingefallen zu mir – Karen, mein Schwager und Bobby sind

spending their summer holidays in Germany this year. Karen
verbringend ihren Sommer‿ Urlaub in Deutschland dieses Jahr. Karen

thinks she'd like to learn some German, but she has
denkt, dass sie_würde mögen zu lernen einiges Deutsch, aber sie hat

no idea how she can learn it fast.
keine Ahnung wie sie kann lernen es schnell.

34|10 M: Well, with the Birkenbihl Method, of course.
Nun, mit der Birkenbihl-‿ Methode, natürlich.

34|11 J: Let's see whether this shop stocks Birkenbihl
Lassen_Sie_uns sehen ob dieses Geschäft bevorratet Birkenbihl-‿

courses. They should be over there … I can see dictionaries,
Kurse. Sie sollten sein da_drüben … Ich kann sehen Wörterbücher,

travel guides … ah, language courses! Do you know what?
Reise‿ Führer … ah, Sprach‿ Kurse! Tun Sie wissen was?

I'll buy the "German for Beginners" course and give it
Ich_werde kaufen den „Deutsch für Einsteiger"-‿ Kurs und geben ihn

to Karen for her birthday.
zu Karen für ihren Geburtstag.

34|12 M: Good idea.
Gute Idee.

(…)
(…)

34|13 M: What are we having for supper?
Was sind wir habend für Abendessen?

(…)
(…)

34|14 J: Allow yourself a surprise!
Erlauben Sie sich_selbst eine Überraschung!

34|15 M: I've told you this already but … what fascinates me
Ich_habe erzählt Ihnen dies schon aber … was fasziniert mich am

most about you is your smile.
meisten über Sie ist Ihr Lächeln.

34|16 J: Really? My smile is what fascinates you most? And
Wirklich? Mein Lächeln ist das, was fasziniert Sie am meisten? Und

what about all the rest?
was über all den Rest?

34|17 M: No, I mean … oh, you know what I mean. Your smile
Nein, ich meine … oh, Sie wissen was ich meine. Ihr Lächeln

somehow sparkles with good humour.
irgendwie sprüht mit guter Laune.

34|18 J: You've never yet seen me in a bad mood.
Sie_haben nie noch gesehen mich in einer schlechten Stimmung.

34|19 M: Well, of course, everyone's bad-tempered at times. The problem
Nun, natürlich, jeder_ist schlecht_gelaunt hin_und_wieder. Das Problem

is how to get out of a negative mood …
ist wie zu herauskommen von einer negativen Stimmung …

34|20 J: I know a good trick. A friend told me this a
Ich kenne einen guten Trick. Eine Freundin erzählte mir diesen eine

long time ago. When I'm in a really bad mood,
lange Zeit her. Wenn ich_bin in einer wirklich schlechten Stimmung,

I force myself to keep smiling for 60 seconds.
ich zwinge mich_selbst zu beibehalten zu lächeln für 60 Sekunden.

34|21 M: What?
Was?

34|22 J: I stand in front of a mirror or get my pocket
Ich stehe vorderhalb von einem Spiegel oder hole meinen Taschen‿

mirror out, look into it, pull the corners of my mouth
Spiegel heraus, schaue in ihn, ziehe die Ecken von meinem Mund

up and tense the muscles for a whole minute. At first,
hinauf und spanne die Muskeln für eine ganze Minute. Zuerst,

of course, it's just a grimace but in the course of 60
natürlich, es_ist nur eine Grimasse aber in dem Lauf von 60

seconds it nearly always turns into a genuine smile.
Sekunden es fast immer verwandelt sich in ein echtes Lächeln.

Anyway, I always feel better afterwards than I did before.
Jedenfalls, ich immer fühle mich besser nachher als ich tat vorher.

34|23 M: Ah. And how does it work?
Ah. Und wie tut es funktionieren?

34|24 J: It's a kind of interplay between body and soul. When
Es_ist eine Art von Wechselwirkung zwischen Körper und Seele. Wenn

you're cheerful, your body tells your soul to smile and
Sie_sind gut_gelaunt, Ihr Körper erzählt Ihrer Seele zu lächeln und

the corners of your mouth go up. When you're upset,
die Ecken von Ihrem Mund gehen hinauf. Wenn Sie_sind verärgert,

you tell your body to smile. The soul gets the message
Sie erzählen Ihrem Körper zu lächeln. Die Seele erhält die Nachricht

and concludes "Ah, corners of mouth going up, so
und folgert „Ah, die Ecken von Mund sind gehend hinauf, also

it's time for good humour." It sounds fantastic, but it works.
es_ist Zeit für gute Laune." Es klingt fantastisch, aber es funktioniert.

(…)
(…)

34|25 J: Is that your first attempt?
Ist das Ihr erster Versuch?

34|26 M: No, no. I was just imagining sitting at a
Nein, nein. Ich war nur vorstellend mir zu sitzen bei einer

conference and suddenly doing a forced smile for 60
Besprechung und plötzlich zu tun ein gekünsteltes Lächeln für 60

seconds. Grinning like this must look pretty funny.
Sekunden. Grinsen solcherart muss aussehen ziemlich witzig.

34|27 J: But, Mike, you shouldn't do it in public. Only when
Aber, Mike, Sie sollten_nicht tun es in der Öffentlichkeit. Nur wenn

no one can see you. This is communicating with yourself, not
keiner kann sehen Sie. Dies ist Kommunizieren mit sich_selbst, nicht

a signal to the outside world.
ein Signal an die Außen‿ Welt.

34|28 M: And what if I'm in the middle of a difficult meeting?
Und was wenn ich_bin in der Mitte von einer schwierigen Besprechung?

34|29 J: Then you have to excuse yourself and go to the Gents.
Dann Sie haben zu entschuldigen sich_selbst und gehen zu den Toiletten.

34|30 M: Ah, good idea.
Ah, gute Idee.

34|31 J: And here we are at home again.
Und hier wir sind daheim wieder.

Englische Fassung

Lesson Thirty-four: Good humour

(…)
34|01 J: Would you like to go in and browse?
34|02 M: Yes, why not?
(…)
34|03 J: Have you a favourite book?
34|04 M: I haven't actually any favourite book. The kind of books I like best are popular science, non-fiction. If I stumble on something that interests me, that's the sort of book I look for first, to get into the subject. What do you like reading best?

34|05 J: Oh, my favourites are family sagas or novels in which I can follow the lives of individuals over the years. I can really submerge myself in the descriptions.

34|06 M: That's probably what Melanie meant when she sang about "Living in a Book".

34|07 J: Yes, exactly!

(…)

34|08 M: Do you like travel books?

34|09 J: When they're well written, yes. Oh, by the way, it's just occurred to me – Karen, my brother-in-law and Bobby are spending their summer holidays in Germany this year. Karen thinks she'd like to learn some German, but she has no idea how she can learn it fast.

34|10 M: Well, with the Birkenbihl Method, of course.

34|11 J: Let's see whether this shop stocks Birkenbihl courses. They should be over there … I can see dictionaries, travel guides … ah, language courses! Do you know what? I'll buy the "German for Beginners" course and give it to Karen for her birthday.

34|12 M: Good idea.

(…)

34|13 M: What are we having for supper?

(…)

34|14 J: Allow yourself a surprise!

34|15 M: I've told you this already but … what fascinates me most about you is your smile.

34|16 J: Really? My smile is what fascinates you most? And what about all the rest?

34|17 M: No, I mean … oh, you know what I mean. Your smile somehow sparkles with good humour.

34|18 J: You've never yet seen me in a bad mood.

34|19 M: Well, of course, everyone's bad-tempered at times. The problem is how to get out of a negative mood …

34|20 J: I know a good trick. A friend told me this a long time ago. When I'm in a really bad mood, I force myself to keep smiling for 60 seconds.

34|21 M: What?

34|22 J: I stand in front of a mirror or get my pocket mirror out, look into it, pull the corners of my mouth up and tense the muscles for a whole minute. At first, of course, it's just a grimace but in the course of 60 seconds it nearly always turns into a genuine smile. Anyway, I always feel better afterwards than I did before.

34|23 M: Ah. And how does it work?

34|24 J: It's a kind of interplay between body and soul. When you're cheerful, your body tells your soul to smile and the corners of your mouth go up. When you're upset, you tell your body to smile. The soul gets the message and concludes "Ah, corners of mouth going up, so it's time for good humour." It sounds fantastic, but it works.

(…)

34|25 J: Is that your first attempt?

34|26 M: No, no. I was just imagining sitting at a conference and suddenly doing a forced smile for 60 seconds. Grinning like this must look pretty funny.

34|27 J: But, Mike, you shouldn't do it in public. Only when no one can see you. This is communicating with yourself, not a signal to the outside world.

34|28 M: And what if I'm in the middle of a difficult meeting?

34|29 J: Then you have to excuse yourself and go to the Gents.

34|30 M: Ah, good idea.

34|31 J: And here we are at home again.

(Mike und Jane betreten das Appartementhaus. Jane öffnet die Tür ihrer Wohnung. Mike und Jane gehen in die Küche. Jane öffnet den Küchenschrank und holt einige Lebensmittel heraus.)

35|01 J: Gut. Butter, Eier und Milch haben wir gekauft. Mehl, Salz und Zucker habe ich hier. Was können wir aus diesen Zutaten machen, Mike?

35|02 M: Hmm … ich kenne mich bei solchen Dingen nicht aus.

35|03 J: Wir brauchen noch eine Schüssel, einen Kochlöffel und eine Bratpfanne …

35|04 M: Ah, Pfannkuchen!

35|05 J: Richtig.

35|06 M: Eigentlich wollte ich immer lernen, wie man Pfannkuchen macht.

35|07 J: Nun, dann zeige ich Ihnen, wie man es macht.

35|08 M: Toll!

35|09 J: Nun, zuerst geben Sie die Eier in die Schüssel.
(Mike versucht, ein Ei aufzuschlagen, was aber misslingt. Jane ist amüsiert.)

35|10 J: Passen Sie auf, sonst fallen die Schalen in die Schüssel. Schauen Sie, so wird das gemacht.
(Jane macht vor, wie man Eier fachmännisch aufschlägt. Mike macht es nach, und diesmal gelingt es.)

35|11 J: Jetzt geben Sie zwei Esslöffel Zucker in die Schüssel und schlagen das Gemisch mit dem Löffel, bis es schaumig ist. Ich wiege inzwischen das Mehl.
(Mike beginnt, wild in der Schüssel herumzurühren.)

35|12 M: In Ordnung?

35|13 J: Nicht schlecht für einen Anfänger. Jetzt fügen Sie die Milch und das Mehl hinzu und rühren, bis der Teig gut vermischt ist. Inzwischen erhitze ich Butter in der Pfanne.
(Mike rührt weiter, während Jane am Herd beschäftigt ist. Jane blickt prüfend in die Schüssel.)

35|14 J: Hervorragend. Jetzt fügen Sie eine Prise Salz hinzu und rühren ein bisschen weiter.

35|15 M: Vom Rühren kriege ich Muskelkater!
(Jane nimmt die Schüssel und lässt den Teig für den ersten Pfannkuchen in die Pfanne rinnen. Langsam bildet sich der Pfannkuchen.)

35|16 M: Ich hoffe, ich soll den Pfannkuchen jetzt nicht wenden?

35|17 J: Nein, nein – wenn Sie den Pfannkuchen hochschleudern würden, würde er an der Decke kleben, und ich müsste meine Küche wieder renovieren!
(Beide lachen bei dieser Vorstellung.)

35|18 J: Würden Sie jetzt den Tisch decken?

35|19 M: Mit Vergnügen!

35|20 J: Teller und Gläser finden Sie hier im Küchenschrank und das Besteck in der Schublade da drüben.
(Mike deckt den Tisch, während Jane weiter Pfannkuchen bäckt.)

35|21 J: Was möchten Sie trinken?

35|22 M: Ich mag Milch oder Kakao zu Pfannkuchen.

35|23 J: Ich auch. Was ist Ihnen heute lieber?

35|24 M: Kakao, wenn es nicht zu viel Mühe macht.

35|25 J: Für Sie ist mir keine Mühe zu viel …

35|26 M: Das hört man gern …

35|27 J: Übrigens, essen Sie Pfannkuchen immer süß oder manchmal auch pikant?

35|28 M: Oh, mal so, mal so. Ich mag sowohl süße als auch pikante Pfannkuchen.

35|29 J: Und wenn Sie sie süß essen, was tun Sie drauf?

35|30 M: Ich tue Honig, Marmelade, Quark, Schokoladencreme oder Apfelmus drauf.

35|31 J: Und wenn Sie sie pikant essen?

35|32 M: Dann lege ich Heringe, Fleisch, Schinken oder Eingemachtes drauf.

35|33 J: Nun, holen Sie einfach alles, was Sie für die Pfannkuchen möchten, aus dem Kühlschrank, und setzen Sie sich!
(Mike tut wie geheißen und setzt sich.)

35|34 M: Jetzt, wo ich gelernt habe, wie man Pfannkuchen macht, planen Sie hoffentlich nicht, dass ich heute auch noch Nähen und Stricken und Häkeln lernen soll.

35|35 J: Wir werden sehen. Ein Mann sollte zumindest einen Knopf annähen können. Warten Sie einen Moment, Nadel und Faden finden Sie …

35|36 M: Nein, bitte! Essen wir zuerst!

35|37 J: Okay.
(Jane stellt einen Stapel Pfannkuchen auf den Tisch. Mike und Jane nehmen sich je einen, belegen ihn und beginnen zu essen.)

35|38 M: Oh, das ist köstlich!
(Sie essen den ganzen Stapel Pfannkuchen auf.)

35|39 M: Mmmh, das war ein gutes Abendessen. Soll ich Ihnen beim Abwasch helfen?

35|40 J: Nicht nötig, ich stelle das Geschirr in den Geschirrspüler und wische den Tisch ab. Wenn Sie inzwischen die Dinge, die kühl gehalten werden müssen, zurück in den Kühlschrank stellen würden …

35|41 M: Schon so gut wie erledigt.
(Man hört die beiden aufräumen.)

35|42 J: Was möchten Sie jetzt trinken, Mike?

35|43 M: Jetzt hätte ich gerne ein Mineralwasser. Soll ich es holen?

35|44 J: Ja, bitte. Sie kennen sich jetzt ja aus …
(Mike holt eine Flasche und zwei Gläser.)

35|45 M: Soll ich die Flasche und die Gläser direkt ins Wohnzimmer mitnehmen?

35|46 J: Ja bitte, ich bin hier fast fertig.

Dekodierte Fassung

Lesson Thirty-five: Cooking and Supper
Lektion Fünfunddreißig: Kochen und Abendessen

(…)
(…)

35|01 J: Good. We've bought butter, eggs and milk. I have flour, salt
Gut. Wir_haben gekauft Butter, Eier und Milch. Ich habe Mehl, Salz

and sugar here. What can we do with these ingredients, Mike?
und Zucker hier. Was können wir machen mit diesen Zutaten, Mike?

35|02 M: Hmm … I'm not much good at this sort of thing.
Hmm … Ich_bin nicht geübt bei dieser Art von Ding.

35|03 J: We still need a bowl, a kitchen spoon and a frying
Wir noch brauchen eine Schüssel, einen Kochlöffel und eine Brat‿

pan …
Pfanne …

35|04 M: Ah, pancakes!
Ah, Pfannkuchen!

35|05 J: Correct.
Richtig.

35|06 M: Actually, I've always wanted to learn how to make pancakes.
Eigentlich, ich_habe immer gewünscht zu lernen wie zu machen Pfannkuchen.

35|07 J: Right, then I'll show you how it's done.
Nun, dann ich_werde zeigen Ihnen wie es_ist getan.

35|08 M: Great!
Toll!

35|09 J: Well, first you put the eggs in the bowl.
Nun, zuerst Sie tun die Eier in die Schüssel.

(…)
(…)

35|10 J: Take care, otherwise the shells will fall into the
Nehmen Sie Sorgfalt, sonst die Schalen werden fallen in die

bowl. Look, this is how it's done.
Schüssel. Schauen Sie, dies ist wie es_ist getan.

(…)
(…)

35|11 J: Now you put two dessertspoonsful of sugar in the bowl and
Jetzt Sie tun zwei Esslöffel von Zucker in die Schüssel und

beat the mixture with the spoon until it's foamy. Meanwhile
schlagen das Gemisch mit dem Löffel bis es_ist schaumig. Inzwischen

I'll weigh the flour.
ich_werde wiegen das Mehl.

(…)
(…)

35|12 M: Alright?
In_Ordnung?

35|13 J: Not bad for a beginner. Now you add the milk and
Nicht schlecht für einen Anfänger. Jetzt Sie hinzufügen die Milch und

the flour and stir until the batter's well mixed. Meanwhile
das Mehl und rühren bis der Teig_ist gut vermischt. Inzwischen

I'll heat up the butter in the pan.
ich_werde erhitzen die Butter in der Pfanne.

(...)
(...)

35|14 J: Excellent. Now you add a pinch of salt and stir
Hervorragend. Jetzt Sie hinzufügen eine Prise von Salz und rühren

for a bit longer.
für ein bisschen länger.

35|15 M: This stirring is giving me muscle strain!
Dieses Rühren ist gebend mir Muskelkater!

(...)
(...)

35|16 M: I hope I'm not supposed to turn the pancake now?
Ich hoffe ich_bin nicht erwartet zu wenden den Pfannkuchen jetzt?

35|17 J: No, no – if you tossed the pancake it would
Nein, nein – wenn Sie hochschleuderten den Pfannkuchen er würde

stick to the ceiling and I'd have to redecorate my
kleben an der Decke und ich_würde haben zu renovieren meine

kitchen again!
Küche wieder!

(...)
(...)

35|18 J: Would you lay the table now?
Würden Sie decken den Tisch jetzt?

35|19 M: With pleasure!
Mit Vergnügen!

35|20 J: You'll find plates and glasses here in the kitchen cupboard
Sie_werden finden Teller und Gläser hier in dem Küchen‿ Schrank

and cutlery in the drawer over there.
und Besteck in der Schublade da_drüben.

(...)
(...)

35|21 J: What would you like to drink?
Was würden Sie mögen zu trinken?

35|22 M: I like milk or cocoa with pancakes.
Ich mag Milch oder Kakao mit Pfannkuchen.

35|23 J: Me too. Which do you prefer today?
Ich auch. Welches tun Sie bevorzugen heute?

35|24 M: Cocoa, if it isn't too much trouble.
Kakao, wenn es ist_nicht zu viel Mühe.

35|25 J: For you no trouble's too much …
Für Sie keine Mühe_ist zu viel …

35|26 M: That's nice to hear …
Das_ist nett zu hören …

35|27 J: By the way, do you always eat pancakes sweet or sometimes savoury?
Übrigens, tun Sie immer essen Pfannkuchen süß oder manchmal pikant?

35|28 M: Oh, both at different times. I like both sweet and savoury
Oh, beides zu verschiedenen Zeiten. Ich mag beides süße und pikante

pancakes.
Pfannkuchen.

35|29 J: And when you eat them sweet, what do you put on them?
Und wenn Sie essen sie süß, was tun Sie legen auf sie?

35|30 M: I put honey, jam, curds, chocolate cream or
Ich lege Honig, Marmelade, Quark, Schokoladen‿ Creme oder

apple sauce on them.
Apfelmus auf sie.

35|31 J: And when you eat them savoury?
Und wenn Sie essen sie pikant?

35|32 M: Then I put herrings, meat, ham or pickles on them.
Dann ich lege Heringe, Fleisch, Schinken oder Eingemachtes auf sie.

35|33 J: Well, just get everything you'd like for the
Nun, einfach holen Sie alles, was Sie_würden mögen für die

pancakes from the refrigerator and take a seat!
Pfannkuchen aus dem Kühlschrank und nehmen Sie einen Sitzplatz!

(...)
(...)

35|34 M: Now that I've learned how to cook pancakes, I hope
Jetzt dass ich_habe gelernt wie zu kochen Pfannkuchen, ich hoffe,

you're not planning to teach me to sew and knit
dass Sie_sind nicht planend zu lehren mich zu nähen und stricken

and crochet today.
und häkeln heute.

35|35 J: We'll see. A man ought to be able to sew on a
Wir_werden sehen. Ein Mann sollte zu sein fähig zu annähen einen

button at least. Wait a minute, you'll find a
Knopf zumindest. Warten Sie eine Minute, Sie_werden finden eine

needle and thread ...
Nadel und Faden ...

35|36 M: No, please! Let's eat first!
Nein, bitte! Lassen_Sie_uns essen zuerst!

35|37 J: Okay.
Okay.

(...)
(...)

35|38 M: Oh, that's delicious!
Oh, das_ist köstlich!

(...)
(...)

35|39 M: Mmmh, that was a good supper. Shall I help you wash up?
Mmmh, das war ein gutes Abendessen. Soll ich helfen Ihnen abwaschen?

35|40 J: No need, I'll put the crockery in the dishwasher and
Kein Bedarf, ich_werde stellen das Geschirr in den Geschirrspüler und

wipe the table down. If you'd meanwhile put the things
wischen den Tisch ab. Wenn Sie_würden inzwischen stellen die Dinge

that need to be kept cool back in the refrigerator ...
die brauchen zu sein gehalten kühl zurück in den Kühlschrank ...

35|41 M: No sooner said than done.
Nicht bälder gesagt als getan.

(...)
(...)

35|42 J: What would you like to drink now, Mike?
Was würden Sie mögen zu trinken jetzt, Mike?

35|43 M: I'd like a mineral water now. Shall I fetch it?
Ich_würde mögen ein Mineral‿ Wasser jetzt. Soll ich holen es?

35|44 J: Yes, please. You really know your way around now …
Ja, bitte. Sie wirklich kennen Ihren Weg herum jetzt …

(...)
(...)

35|45 M: Shall I take the bottle and glasses straight into the living room?
Soll ich mitnehmen die Flasche und Gläser direkt in das Wohn‿ Zimmer?

35|46 J: Yes, please, I'm almost ready here.
Ja, bitte, ich_bin fast fertig hier.

Englische Fassung

Lesson Thirty-five: Cooking and Supper

35|01 J: Good. We've bought butter, eggs and milk. I have flour, salt and sugar here. What can we do with these ingredients, Mike?
35|02 M: Hmm … I'm not much good at this sort of thing.
35|03 J: We still need a bowl, a kitchen spoon and a frying pan …
35|04 M: Ah, pancakes!
35|05 J: Correct.
35|06 M: Actually, I've always wanted to learn how to make pancakes.
35|07 J: Right, then I'll show you how it's done.
35|08 M: Great!
35|09 J: Well, first you put the eggs in the bowl.
(…)
35|10 J: Take care, otherwise the shells will fall into the bowl. Look, this is how it's done.
(…)
35|11 J: Now you put two dessertspoonsful of sugar in the bowl and beat the mixture with the spoon until it's foamy. Meanwhile I'll weigh the flour.
(…)
35|12 M: Alright?
35|13 J: Not bad for a beginner. Now you add the milk and the flour and stir until the batter's well mixed. Meanwhile I'll heat up the butter in the pan.
(…)

35|14 J: Excellent. Now you add a pinch of salt and stir for a bit longer.

35|15 M: This stirring is giving me muscle strain!

(…)

35|16 M: I hope I'm not supposed to turn the pancake now?

35|17 J: No, no – if you tossed the pancake it would stick to the ceiling and I'd have to redecorate my kitchen again!

(…)

35|18 J: Would you lay the table now?

35|19 M: With pleasure!

35|20 J: You'll find plates and glasses here in the kitchen cupboard and cutlery in the drawer over there.

(…)

35|21 J: What would you like to drink?

35|22 M: I like milk or cocoa with pancakes.

35|23 J: Me too. Which do you prefer today?

35|24 M: Cocoa, if it isn't too much trouble.

35|25 J: For you no trouble's too much …

35|26 M: That's nice to hear …

35|27 J: By the way, do you always eat pancakes sweet or sometimes savoury?

35|28 M: Oh, both at different times. I like both sweet and savoury pancakes.

35|29 J: And when you eat them sweet, what do you put on them?

35|30 M: I put honey, jam, curds, chocolate cream or apple sauce on them.

35|31 J: And when you eat them savoury?

35|32 M: Then I put herrings, meat, ham or pickles on them.

35|33 J: Well, just get everything you'd like for the pancakes from the refrigerator and take a seat!

(…)

35|34 M: Now that I've learned how to cook pancakes, I hope you're not planning to teach me to sew and knit and crochet today.

35|35 J: We'll see. A man ought to be able to sew on a button at least. Wait a minute, you'll find a needle and thread …

35|36 M: No, please! Let's eat first!

35|37 J: Okay.

(…)

35|38 M: Oh, that's delicious!

(…)

35|39 M: Mmmh, that was a good supper. Shall I help you wash up?

35|40 J: No need, I'll put the crockery in the dishwasher and wipe the table down. If you'd meanwhile put the things that need to be kept cool back in the refrigerator …

35|41 M: No sooner said than done.

(…)

35|42 J: What would you like to drink now, Mike?

35|43 M: I'd like a mineral water now. Shall I fetch it?

35|44 J: Yes, please. You really know your way around now …

(…)

35|45 M: Shall I take the bottle and glasses straight into the living room?

35|46 J: Yes, please, I'm almost ready here.

Lektion 36: Was macht ein gutes Team aus? (Anfang)

(Mike geht ins Wohnzimmer, öffnet die Flasche, gießt beiden ein und setzt sich. Jane folgt ihm und setzt sich ebenfalls. Sie nimmt einen ersten Schluck.)

36|01 J: Aahh … ist das gut. Komisch, ab und zu trinke ich gerne Kakao, aber Kakao ist wirklich kein Durstlöscher …

36|02 M: Sie haben recht. Es ist eher eine Ergänzung einer Mahlzeit …

36|03 J: … oder aber man kann ihn – angesichts der Nährstoffe in der Milch – als kleinen flüssigen Imbiss zwischen Mahlzeiten sehen.

36|04 M: Apropos Mahlzeit – danke für das herrliche Abendessen, Jane. Sie sind eine hervorragende Köchin!

36|05 J: Oh, danke. Aber Sie haben den Teig auch hervorragend gerührt!

36|06 M: Sagen wir, die Pfannkuchen waren eine Gemeinschaftsleistung.

36|07 J: Ja, vom gemeinsamen Einkaufen bis zum gemeinsamen Essen haben wir alles zusammen gemacht.

36|08 M: Insgesamt sind wir ein gutes Team …

36|09 J: Hmmm …
(Jane nimmt einen weiteren Schluck.)

36|10 M: Wovon hängt es eigentlich ab, dass zwei Menschen ein gutes Team bilden? Ich meine ganz allgemein, egal ob beruflich oder privat. Wie entwickelt sich Teamgeist?

36|11 J: Nun, zunächst müssen sie einander verstehen, gewissermaßen auf derselben Wellenlänge sein …

36|12 M: Also müssen sie gleich denken?

36|13 J: Wie soll ich ausdrücken, was ich meine? Ich meine nicht, dass sie dieselbe Meinung zu Dingen haben müssen …

36|14 M: … sondern, dass sie über Dinge auf ähnliche Art denken sollten?

36|15 J: Ja, das kommt besser hin. Wenn einer der beiden, sagen wir, „ein penibler Buchhaltertyp" und der andere „ein kreativer, chaotischer Typ" wäre, kann ich mir vorstellen, dass sie in der Art, wie sie Dinge sehen, sehr verschieden sind.

36|16 M: Weil der Buchhalter den Schwerpunkt auf gewisse Details legen würde, während der kreative Typ eher das große Ganze sehen würde … Ist es das, was Sie meinen?

36|17 J: Ja. Ich habe zum Beispiel eine Freundin, deren Art, auf die Welt zu schauen und Probleme anzupacken, sehr verschieden von meiner ist. Wenn ich ein Team mit ihr bilden müsste, müsste ich mich sehr anstrengen, damit die Zusammenarbeit funktioniert.

36|18 M: Ich denke, ich weiß jetzt, was Sie meinen. Ich habe einen Arbeitskollegen, der wie jene Frau ist. Wenn ein Kunde eine Frage stellt, sucht er die Daten des Kunden und schreibt kleine Berichte über das Problem, aber angesichts von so vielen administrativen Details scheitert er daran, das Wichtigste zu sehen, nämlich dem Kunden eine Lösung anzubieten.

36|19 J: Und ich kann mir vorstellen, dass das gerade Ihre Stärke ist.

36|20 M: Ich glaube schon. Ich rufe den Kunden sofort an und rede mit ihm. Andererseits schreibe ich eher Notizen auf Papierzettel, ich meine, ich sorge nicht immer dafür, dass neue Information über den Kunden in unsere Akten eingetragen wird. Das ist eher eine Schwäche meinerseits.

36|21 J: Also ergänzt Ihre Art, Dinge zu tun, jene Ihres Kollegen hervorragend?

36|22 M: Ja, da haben Sie recht.

36|23 J: Dann müssten Sie und Ihr Kollege eigentlich ein gutes Team sein?

36|24 M: Theoretisch ja. Aber er beschwert sich immer über mich, weil ich Details vergesse, die in seinen Augen so wichtig sind, wohingegen ich ihm oft aufzeige, dass seine Aufgabe die Betreuung von Kunden ist und nicht das Achten auf administrative Vorgänge. Letztere sind für unsere Firma wichtig, nutzen aber Kunden nicht viel.

36|25 J: Also können wir folgern, dass Teamarbeit erfordert, dass man entweder ähnlich gelagert ist oder dass man lernt, die anderen Teammitglieder gemäß ihren Stärken einzusetzen.

36|26 M: So habe ich es überhaupt noch nicht gesehen!

Dekodierte Fassung

Lesson Thirty-six: What makes a good team? (Start)
Lektion Sechsunddreißig: Was ausmacht ein gutes Team? (Anfang)

(...)
(...)

36|01 J: Aahh ... that's good. It's funny, now and again I like drinking
Aahh ... das_ist gut. Es_ist komisch, ab_und_zu ich mag trinken

cocoa, but cocoa doesn't really quench one's thirst ...
Kakao, aber Kakao tut_nicht wirklich löschen jemandes Durst ...

36|02 M: You're right. It's more of a supplement to a meal ...
Sie_sind richtig. Es_ist mehr von einer Ergänzung zu einer Mahlzeit ...

36|03 J: ... or else – in view of the nutrients in the milk – you
... oder_aber – angesichts von den Nährstoffen in der Milch – man

can see it as a little liquid snack between meals.
kann sehen ihn als einen kleinen flüssigen Imbiss zwischen Mahlzeiten.

36|04 M: Apropos meals – thank you for a lovely supper, Jane.
Apropos Mahlzeiten – danke für ein herrliches Abendessen, Jane.

You're an excellent cook!
Sie_sind eine hervorragende Köchin!

36|05 J: Oh, thanks. But you stirred the batter splendidly!
Oh, danke. Aber Sie rührten den Teig hervorragend!

36|06 M: Let's say the pancakes were a cooperative effort.
Lassen_Sie_uns sagen die Pfannkuchen waren eine gemeinschaftliche Leistung.

36|07 J: Yes, from joint shopping to joint eating
Ja, von dem gemeinsamen Einkaufen bis zu dem gemeinsamen Essen

we did everything together.
wir taten alles zusammen.

36|08 M: All in all, we're a good team …
Insgesamt, wir_sind ein gutes Team …

36|09 J: Hmmm …
Hmmm …

(…)
(…)

36|10 M: What does two people forming a good team actually
Was tut, dass zwei Menschen sind bildend ein gutes Team eigentlich

depend on? I mean in a quite general sense,
abhängen auf? Ich meine in einem ziemlich allgemeinen Sinn, egal

whether professionally or privately. How does team spirit develop?
ob beruflich oder privat. Wie tut Team‿ Geist entwickeln sich?

36|11 J: Well, first of all they need to understand each other, be on the
Nun, zunächst sie brauchen zu verstehen einander, sein auf der‿

same wavelength, as it were …
selben Wellenlänge, gewissermaßen …

36|12 M: So they have to think alike?
Also sie haben zu denken gleich?

36|13 J: How should I express what I mean? I don't mean
Wie sollte ich ausdrücken was ich meine? Ich tue_nicht meinen, dass

they must share the same opinions about things …
sie müssen teilen die‿ selben Meinungen über Dinge …

36|14 M: … but that they should think about things in a similar way?
… sondern dass sie sollten denken über Dinge in einer ähnlichen Art?

36|15 J: Yes, that's closer to it. If one of the pair were,
Ja, das_ist näher daran. Wenn einer von dem Paar wäre,

let's say, "a meticulous bookkeeper type" and the other
lassen_Sie_uns sagen, „ein penibler Buchhalter‿ Typ“ und der andere

were "a creative, chaotic type", I can imagine
wäre „ein kreativer, chaotischer Typ“, ich kann vorstellen mir, dass

they'd be very different in the way they see things.
sie_würden sein sehr verschieden in der Art, wie sie sehen Dinge.

36|16 M: Because the bookkeeper would lay stress on certain
Weil der Buchhalter würde legen den Schwerpunkt auf gewisse

details, while the creative type would tend to see the big
Details, während der kreative Typ würde tendieren zu sehen das große

picture … Is that what you mean?
Bild … Ist es das was Sie meinen?

36|17 J: Yes. For instance, I have a friend whose way of
Ja. Für Beispiel, ich habe eine Freundin deren Art da‿ von, zu

looking at the world and tackling problems is very different
schauen auf die Welt und anzupacken Probleme ist sehr verschieden

from mine. If I had to form a team with her, I would
von meiner. Wenn ich hätte zu bilden ein Team mit ihr, ich würde

have to make a big effort to make the
haben zu machen eine große Anstrengung zu machen die

cooperation work.
Zusammenarbeit funktionieren.

36|18 M: I think I know what you mean now. I have a colleague
Ich denke ich weiß was Sie meinen jetzt. Ich habe einen Kollegen

at work who's very like that woman. When a client asks
bei der Arbeit der_ist sehr wie jene Frau. Wenn ein Kunde fragt

a question, he finds the data on the client and writes little
eine Frage, er findet die Daten auf den Kunden und schreibt kleine

reports on the problem, but in the face of so many administrative
Berichte auf das Problem, aber angesichts von so vielen administrativen

details, he fails to see the most important thing which
Details, er scheitert daran, zu sehen das meist wichtige Ding welches

is offering the client a solution.
ist anzubieten dem Kunden eine Lösung.

36|19 J: And I can imagine that's just your strength.
Und ich kann vorstellen mir, dass das_ist gerade Ihre Stärke.

36|20 M: I believe it is. I ring up the client immediately and talk to
Ich glaube es ist. Ich anrufe den Kunden sofort und rede zu

him. On the other hand, I tend to write notes on scraps of
ihm. Andererseits, ich tendiere zu schreiben Notizen auf Zettel von

paper, I mean I don't always take care to see that
Papier, ich meine ich tue_nicht immer nehmen Sorgfalt zu sehen dass

new information on the client is entered in our files.
neue Information auf den Kunden ist eingetragen in unsere Akten.

That's rather a weakness on my part.
Das_ist eher eine Schwäche meinerseits.

36|21 J: So your way of doing things complements that of your
Also Ihre Art da‿ von, zu tun Dinge ergänzt jene von Ihrem

colleague splendidly.
Kollegen hervorragend.

36|22 M: Yes, you're right there.
Ja, Sie_sind richtig da.

36|23 J: Then you and your colleague must actually be a good team?
Dann Sie und Ihr Kollege müssen eigentlich sein ein gutes Team?

36|24 M: Theoretically, yes. But he's always complaining about me
Theoretisch, ja. Aber er_ist immer beschwerend sich über mich

because I forget the details that in his eyes are so important,
weil ich vergesse die Details die in seinen Augen sind so wichtig,

whereas I often point out to him that his task is
wohingegen ich oft aufzeige zu ihm dass seine Aufgabe ist zu

looking after clients, not taking care of administrative
betreuen Kunden, nicht zu nehmen Sorgfalt von administrativen

processes. The latter are important to our firm, but
Vorgängen. Die letzteren sind wichtig zu unserer Firma, aber

aren't much use to clients.
sind_nicht viel von Nutzen zu Kunden.

36|25 J: So we can conclude that teamwork requires either that one
Also wir können folgern dass Teamarbeit erfordert entweder dass man

is similarly inclined or that one learns to make use of
ist ähnlich gelagert oder dass man lernt zu machen Nutzung von

the other team members in line with their strengths.
den anderen Team‿ Mitgliedern gemäß ihren Stärken.

36|26 M: I hadn't seen it like that at all!
Ich hatte_nicht gesehen es so überhaupt!

Lesson Thirty-six: What makes a good team? (Start)

(…)

36|01 J: Aahh … that's good. It's funny, now and again I like drinking cocoa, but cocoa doesn't really quench one's thirst …

36|02 M: You're right. It's more of a supplement to a meal …

36|03 J: … or else – in view of the nutrients in the milk – you can see it as a little liquid snack between meals.

36|04 M: Apropos meals – thank you for a lovely supper, Jane. You're an excellent cook!

36|05 J: Oh, thanks. But you stirred the batter splendidly!

36|06 M: Let's say the pancakes were a cooperative effort.

36|07 J: Yes, from joint shopping to joint eating we did everything together.

36|08 M: All in all, we're a good team …

36|09 J: Hmmm …

(…)

36|10 M: What does two people forming a good team actually depend on? I mean in a quite general sense, whether professionally or privately. How does team spirit develop?

36|11 J: Well, first of all they need to understand each other, be on the same wavelength, as it were …

36|12 M: So they have to think alike?

36|13 J: How should I express what I mean? I don't mean they must share the same opinions about things …

36|14 M: … but that they should think about things in a similar way?

36|15 J: Yes, that's closer to it. If one of the pair were, let's say, "a meticulous bookkeeper type" and the other were "a creative, chaotic type", I can imagine they'd be very different in the way they see things.

36|16 M: Because the bookkeeper would lay stress on certain details, while the creative type would tend to see the big picture … Is that what you mean?

36|17 J: Yes. For instance, I have a friend whose way of looking at the world and tackling problems is very different from mine. If I had to form a team with her, I would have to make a big effort to make the cooperation work.

36|18 M: I think I know what you mean now. I have a colleague at work who's very like that woman. When a client asks a question, he finds the data on the client and writes little reports on the problem, but in the face of so many administrative details, he fails to see the most important thing which is offering the client a solution.

36|19 J: And I can imagine that's just your strength.

36|20 M: I believe it is. I ring up the client immediately and talk to him. On the other hand, I tend to write notes on scraps of paper, I mean I don't always take care to see that new information on the client is entered in our files. That's rather a weakness on my part.

36|21 J: So your way of doing things complements that of your colleague splendidly.

36|22 M: Yes, you're right there.

36|23 J: Then you and your colleague must actually be a good team?

36|24 M: Theoretically, yes. But he's always complaining about me because I forget the details that in his eyes are so important, whereas I often point out to him that his task is looking after clients, not taking care of administrative processes. The latter are important to our firm, but aren't much use to clients.

36|25 J: So we can conclude that teamwork requires either that one is similarly inclined or that one learns to make use of the other team members in line with their strengths.

36|26 M: I hadn't seen it like that at all!

Lektion 37: Was macht ein gutes Team aus? (Ende)

37|01 J: Das ist das Faszinierende an einigen Diskussionen: Man denkt zusammen über etwas nach, und dabei entwickelt sich eine Idee, die einer der Diskussionspartner zuvor anders gesehen hatte.

37|02 M: Wobei diese Fähigkeit auch ein Kriterium dafür sein dürfte, in einem Team arbeiten zu können.

37|03 J: Ja, natürlich! Nur wenn beide Seiten einander achten und respektieren, können sie zusammen nachdenken und offen für neue Ideen sein.

37|04 M: Streng genommen bedeutet das, dass ich früher nicht wirklich darauf vorbereitet war, auf die Denkweise dieses Kollegen Rücksicht zu nehmen. Ich hielt meinen Standpunkt für richtig und seinen für falsch …

37|05 J: Und vielleicht hat auch er Ihren Standpunkt bisher abgelehnt …?

37|06 M: Ich glaube, das hat er. Andererseits könnte es mein Fehler sein. Ich war vor ihm in der Firma, und ich habe ihn gleich von Anfang an nicht sehr gemocht – das heißt, ich habe seine Art, Dinge anzupacken, nicht gemocht. Oder um genauer zu sein, ich habe seine Art, Dinge nicht anzupacken, abgelehnt.

37|07 J: Aber wenn seine Stärken in administrativen Details liegen und er ebenjene angepackt hat, dann scheint er die Dinge doch – auf seine eigene Art natürlich – anzupacken?

37|08 M: Ja, jetzt glaube ich das auch …

37|09 J: Vielleicht hat er denselben Eindruck von Ihnen, weil Sie sich – in seinen Augen – zu wenig um die Aspekte kümmern, die er wichtig findet …

37|10 M: Das ist gewiss richtig. Aber warum ist es in einer Diskussion mit Ihnen so leicht zu klären, was jeder von uns über etwas denkt, und warum hatte ich bisher keinen Erfolg damit bei ihm?

37|11 J: Weil es Männern schwerer fällt, erstens über diese Dinge nachzudenken und zweitens über sie zu reden, besonders von Mann zu Mann.

37|12 M: Aber warum?

37|13 J: Weil Männer eher über die Welt und die Probleme, die sie lösen wollen, nachdenken und reden, wohingegen Frauen sich bewusster mit Beziehungen zwischen Menschen befassen. Und zwar sowohl hinsichtlich der bewussten Wahrnehmung von Beziehungssignalen wie auch hinsichtlich des eigentlichen Diskussionsthemas.

37|14 M: Reden Frauen daher oft über andere Menschen, sogar wenn diese nicht da sind?

37|15 J: Ich denke schon. Zumindest hat eine Reihe von Studien gezeigt, dass Frauen einen weit größeren Teil ihrer Zeit und Aufmerksamkeit Menschen und ihren Beziehungen widmen als Männer.

37|16 M: Was uns zum Thema „Männer und Frauen" zurückbringt. Sie erwähnten, dass Sie sich einige Zeit intensiv mit diesem Thema beschäftigt haben. Erzählen Sie mir davon.

37|17 J: Gerne.

Dekodierte Fassung

Lesson	Thirty-seven:	What	makes	a	good	team?	(End)
Lektion	**Siebenunddreißig:**	**Was**	**ausmacht**	**ein**	**gutes**	**Team?**	**(Ende)**

37|01 J: That's what's fascinating about some discussions: you think
Das_ist was_ist faszinierend über einige Diskussionen: man nachdenkt

about something together and in doing so an idea develops
über etwas zusammen und dabei eine Idee entwickelt sich

which one of the discussion partners had seen differently before.
welche einer von den Diskussions‿ Partnern hatte gesehen anders zuvor.

37|02 M: Whereby this ability, too, may be a criterion for
Wobei diese Fähigkeit, auch, mag sein ein Kriterium da‿ für, zu

being able to work in a team.
sein fähig zu arbeiten in einem Team.

37|03 J: Yes, of course! Only when both sides value and respect
Ja, natürlich! Nur wenn beide Seiten achten und respektieren

each other can they think together and be open to new ideas.
einander können sie nachdenken zusammen und sein offen zu neuen Ideen.

37|04 M: Strictly speaking, this means that in the past I haven't really
Streng_genommen, dies bedeutet dass früher ich habe_nicht wirklich

been prepared to take account of this colleague's
gewesen vorbereitet zu nehmen Rücksicht von dieses Kollegen

way of thinking. I felt my point of view as right and his as
Denkweise. Ich fühlte meinen Standpunkt als richtig und seinen als

wrong …
falsch …

37|05 J: And perhaps he's also rejected your point of view up to now …?
Und vielleicht er_hat auch abgelehnt Ihren Standpunkt bisher …?

37|06 M: I believe he has. On the other hand, it could be my fault. I
Ich glaube er hat. Andererseits, es könnte sein mein Fehler. Ich

was in the firm before him and I didn't care for him very
war in der Firma vor ihm und ich tat_nicht mögen ihn sehr

much right from the start – that is, I didn't care for the way
viel gleich_von_Anfang_an – das_heißt, ich tat_nicht mögen die Art

he tackled things. Or, to be more exact, I rejected his
wie er anpackte Dinge. Oder, zu sein mehr genau, ich ablehnte seine

way of not tackling things.
Art da‿ von, nicht anzupacken Dinge.

37|07 J: But if his strengths lie in administrative details and those
Aber wenn seine Stärken liegen in administrativen Details und jene

are what he tackled, then he seems – in his own way,
sind das, was er anpackte, dann er scheint – in seiner eigenen Art,

of course – to tackle things after all?
natürlich – zu anpacken Dinge doch?

37|08 M: Yes, now I believe that's so …
Ja, jetzt ich glaube das_ist so …

37|09 J: Perhaps he has the same impression of you, because – in
Vielleicht er hat den‿ selben Eindruck von Ihnen, weil – in

his eyes – you take too little care of the aspects that
seinen Augen – Sie nehmen zu wenig Sorgfalt von den Aspekten die

he finds important …
er findet wichtig …

37|10 M: That's certainly right. But why is it so easy in a
Das_ist gewiss richtig. Aber warum ist es so leicht in einer

discussion with you to clarify what each of us thinks about
Diskussion mit Ihnen zu klären was jeder von uns denkt über

something and why haven't I as yet succeeded in
etwas und warum habe_nicht ich bisher Erfolg_gehabt dar‿ in, zu

doing this with him?
tun dies mit ihm?

37|11 J: Because it's harder for men, firstly to think about these
Weil es_ist härter für Männer, erstens zu nachdenken über diese

things and secondly to talk about them, especially man to man.
Dinge und zweitens zu reden über sie, besonders von Mann zu Mann.

37|12 M: But why?
Aber warum?

37|13 J: Because men tend to think and talk about the world
Weil Männer tendieren zu nachdenken und reden über die Welt

and the problems they want to solve, whereas women
und die Probleme, die sie wünschen zu lösen, wohingegen Frauen

more consciously concern themselves with relationships between
mehr bewusst befassen sich_selbst mit Beziehungen zwischen

people. Both with regard to conscious perception of
Menschen. Beides hinsichtlich der bewussten Wahrnehmung von

relationship signals as well as the actual subject under
Beziehungs‿ Signalen wie_auch hinsichtlich des eigentlichen Themas unter

discussion.
Diskussion.

37|14 M: Is that why women often talk about other people, even when
Daher Frauen oft reden über andere Menschen, sogar wenn

they're not there?
sie_sind nicht da?

37|15 J: I think so. At least, a series of studies has shown that
Ich denke so. Zumindest, eine Reihe von Studien hat gezeigt dass

women devote a far greater part of their time and
Frauen widmen einen weit größeren Teil von ihrer Zeit und

attention to people and their relationships than men do.
Aufmerksamkeit zu Menschen und ihren Beziehungen als Männer tun.

37|16 M: Which brings us back to the subject of "Men and
Welches bringt uns zurück zu dem Thema von „Männern und

women". You mentioned that you've been intensively occupied
Frauen". Sie erwähnten dass Sie_haben gewesen intensiv beschäftigt

with this subject for some time. Tell me about that.
mit diesem Thema für einige Zeit. Erzählen Sie mir darüber.

37|17 J: Alright.
Gerne.

Englische Fassung

Lesson Thirty-seven: What makes a good team? (End)

37|01 J: That's what's fascinating about some discussions: you think about something together and in doing so an idea develops which one of the discussion partners had seen differently before.

37|02 M: Whereby this ability, too, may be a criterion for being able to work in a team.

37|03 J: Yes, of course! Only when both sides value and respect each other can they think together and be open to new ideas.

37|04 M: Strictly speaking, this means that in the past I haven't really been prepared to take account of this colleague's way of thinking. I felt my point of view as right and his as wrong …

37|05 J: And perhaps he's also rejected your point of view up to now …?

37|06 M: I believe he has. On the other hand, it could be my fault. I was in the firm before him and I didn't care for him very much right from the start – that is, I didn't care for the way he tackled things. Or, to be more exact, I rejected his way of not tackling things.

37|07 J: But if his strengths lie in administrative details and those are what he tackled, then he seems – in his own way, of course – to tackle things after all?

37|08 M: Yes, now I believe that's so …

37|09 J: Perhaps he has the same impression of you, because – in his eyes – you take too little care of the aspects that he finds important …

37|10 M: That's certainly right. But why is it so easy in a discussion with you to clarify what each of us thinks about something and why haven't I as yet succeeded in doing this with him?

37|11 J: Because it's harder for men, firstly to think about these things and secondly to talk about them, especially man to man.

37|12 M: But why?

37|13 J: Because men tend to think and talk about the world and the problems they want to solve, whereas women more consciously concern themselves with relationships between people. Both with regard to conscious perception of relationship signals as well as the actual subject under discussion.

37|14 M: Is that why women often talk about other people, even when they're not there?

37|15 J: I think so. At least, a series of studies has shown that women devote a far greater part of their time and attention to people and their relationships than men do.

37|16 M: Which brings us back to the subject of "Men and women". You mentioned that you've been intensively occupied with this subject for some time. Tell me about that.

37|17 J: Alright.

Lektion 38: Männer und Frauen (Anfang)

38|01 J: Die Forschung der vergangenen Jahrzehnte hat wirklich faszinierende Ergebnisse hervorgebracht – obwohl die Zeit für eine Veröffentlichung dieser Informationen ungünstig war.

38|02 M: Sie meinen, weil es als politisch korrekt betrachtet wurde, sich so zu verhalten, als wären Männer und Frauen mehr oder weniger gleich?

38|03 J: Genau! Und jetzt hat die Gehirnforschung die Tatsache ans Licht gebracht, dass es echte Unterschiede im Gehirn von Männern und Frauen gibt.

38|04 M: Nun, wenn es messbare physiologische Unterschiede gibt, dann kann es sich nicht um Meinungen gewisser Forscher handeln, die von anderen bestritten werden können …

38|05 J: Das ist richtig.

38|06 M: Geben Sie mir ein Beispiel für einen solchen Unterschied.

38|07 J: Nun, Sie wissen sicher, dass unser Gehirn eigentlich aus zwei zerebralen Hemisphären besteht, die durch einen Streifen von Nervenfasern verbunden sind. Abgesehen vom Gehirn selbst ist dieser Streifen – dessen wissenschaftlicher Name Corpus callosum ist – das größte Nervengeflecht im menschlichen Organismus.

38|08 M: Ja, ich habe etwas darüber gelesen. Ich glaube, die linke Gehirnhälfte ist mehr für Sprache, Mathematik, analytisches Denken und Details verantwortlich und die rechte mehr für räumliche Wahrnehmung, Bilder, Rhythmus und Überblick.

38|09 J: Ja, so wurde das eine Zeitlang gesehen. Wichtig ist, beide zerebralen Hemisphären angemessen nutzen zu können. Nehmen Sie zum Beispiel die Mathematik: Detailliertes Rechnen ist mehr eine linke Gehirnaktivität, aber mathematisches Denken geschieht in der rechten Hälfte.

38|10 M: Sodass jemand, der gut mit Zahlen rechnet, aber eine mathematische Aufgabe nicht allein lösen kann, sein Gehirn tendenziell nur zur Hälfte nutzt?

38|11 J: Genau. Oder nehmen Sie Sprache: Das Sprachgefühl – zum Beispiel das Gefühl für die Bedeutung dessen, was eher zwischen den Zeilen ist – liegt in der rechten Gehirnhälfte, wie auch in der Musik die Interpretation eines Musikstückes …

38|12 M: … also das, was die eigentliche Wiedergabe von Musik ausmacht?

38|13 J: Das ist es. Jene Fähigkeit ist rechtshirnig, wohingegen das mechanische Lesen von Noten eher in der linken Hälfte stattfindet.

38|14 M: Ich habe einmal über einen Pianisten gelesen, der nach einem Schlaganfall nur mehr wie ein Roboter spielen konnte – das Wesentliche an der Musik war durch die Verletzungen am Gehirn verloren gegangen.

38|15 J: Das ist ein gutes Beispiel. Sie sehen also, dass die Zusammenarbeit zwischen den zwei Gehirnhälften besonders wichtig ist.

38|16 M: Ja. Und eine solche Zusammenarbeit ist möglich, weil dieser Streifen von Nervenfasern die zwei Gehirnhälften verbindet?

38|17 J: Genau. Und jetzt hat man festgestellt, dass dieser Streifen bei Frauen größer und dicker ist. Das erklärt die Ergebnisse von Studien, in denen man Testpersonen sozusagen beim Denken beobachtet hat. In solchen Versuchen hat man gezeigt, dass die zwei Gehirnhälften bei Frauen viel mehr miteinander kommunizieren als bei Männern.

38|18 M: Ja, da war neulich ein Bericht im Fernsehen … Da habe ich einen Professor gesehen, der sagte: „Frauen reden mehr als Männer miteinander – sogar im Kopf!“

38|19 J: Und es ist doch offensichtlich, Mike, dass solche physiologischen Unterschiede Unterschiede in der Art verursachen, wie wir Dinge sehen und auf sie reagieren.

38|20 M: Das ist anzunehmen. Geben Sie mir ein Beispiel!

38|21 J: Nun, in einer Diskussion hören Männer eher den Worten zu, die gesagt werden, sie achten hauptsächlich auf den Inhalt!

38|22 M: Mir scheint das äußerst wichtig, meine liebe Jane!

38|23 J: Ja, aber es ist gewissermaßen nur die halbe Botschaft!

38|24 M: Wie meinen Sie das?

38|25 J: Frauen achten weit mehr als Männer auf den Tonfall, auf die Betonung einzelner Wörter, auf Gestik und Ausdruck – das heißt auf Signale, die uns sagen, wie die Botschaft zu deuten ist.

38|26 M: Zum Beispiel, ob etwas ironisch oder ernst gemeint ist?

38|27 J: Genau! Ich meine, sie achten mehr auf Signale, die Informationen über die Beziehung von Betroffenen liefern …

38|28 M: … während Männer mehr von der Botschaft als solcher Notiz nehmen?

38|29 J: Richtig. Daher reden Männer und Frauen oft aneinander vorbei. Zwar hört jeder von ihnen dieselben Worte, aber sie hören nicht dieselbe Botschaft.

Dekodierte Fassung

Lesson Thirty-eight: Men and Women (Start)
Lektion Achtunddreißig: Männer und Frauen (Anfang)

38|01 J: The research of recent decades has produced
Die Forschung von den vergangenen Jahrzehnten hat hervorgebracht

really fascinating results – although it was an unfavourable
wirklich faszinierende Ergebnisse – obwohl es war eine ungünstige

time to publish this information.
Zeit zu veröffentlichen diese Information.

38|02 M: You mean because it was regarded as politically correct to
Sie meinen weil es war betrachtet als politisch korrekt zu

behave as if men and women were more or less the same?
verhalten sich als ob Männer und Frauen wären mehr oder weniger gleich?

38|03 J: Exactly! And now brain research has brought to light
Genau! Und jetzt die Gehirn‿ Forschung hat gebracht zu dem Licht

the fact that there are real differences in the brains of
die Tatsache dass da sind echte Unterschiede in den Gehirnen von

men and women.
Männern und Frauen.

38|04 M: Well, if there are measurable physiological differences, then it
Nun, wenn da sind messbare physiologische Unterschiede, dann es

can't be a matter of the opinions of certain researchers
kann_nicht sein eine Sache von den Meinungen von gewissen Forschern

that can be disputed by others …
die können sein bestritten von anderen …

38|05 J: That's right.
Das_ist richtig.

38|06 M: Give me an example of such a difference.
Geben Sie mir ein Beispiel von solch einem Unterschied.

38|07 J: Well, I'm sure you know that our brain actually consists
Nun, ich_bin sicher Sie wissen dass unser Gehirn eigentlich besteht

of two cerebral hemispheres, which are linked by a
von zwei zerebralen Hemisphären, welche sind verbunden durch einen

band of nerve fibres. Apart from the brain itself,
Streifen von Nerven‿ Fasern. Abgesehen von dem Gehirn ihm_selbst,

this band – whose scientific name is corpus callosum –
dieser Streifen – dessen wissenschaftlicher Name ist Corpus callosum –

is the largest neural plexus in the human organism.
ist das größte Nerven‿ Geflecht in dem menschlichen Organismus.

38|08 M: Yes, I have read something about this. I believe the left half
Ja, ich habe gelesen etwas darüber. Ich glaube die linke Hälfte

of the brain is more responsible for language, mathematics,
von dem Gehirn ist mehr verantwortlich für Sprache, Mathematik,

analytical thought and details and the right more for spatial
analytisches Denken und Details und die rechte mehr für räumliche

perception, images, rhythm and overview.
Wahrnehmung, Bilder, Rhythmus und Überblick.

38|09 J: Yes, that's how it was seen for a while. What's important
Ja, das_ist wie es war gesehen für eine Zeitlang. Was_ist wichtig

is being able to use both cerebral hemispheres appropriately.
ist zu sein fähig zu nutzen beide zerebralen Hemisphären angemessen.

Take mathematics, for instance: detailed calculation is more
Nehmen Sie Mathematik, für Beispiel: detailliertes Rechnen ist mehr

of a left brain activity, but mathematical thinking
von einer linken Gehirn‿ Aktivität, aber mathematisches Denken

happens in the right half.
geschieht in der rechten Hälfte.

38|10 M: So someone who is good at calculating figures but can't
So jemand der ist gut bei Rechnen mit Zahlen aber kann_nicht

solve a mathematical task on his own tends to use only
lösen eine mathematische Aufgabe allein tendiert zu nutzen nur

half his brain?
halbes sein Gehirn?

38|11 J: Exactly. Or take language: the feeling for language – for
Genau. Oder nehmen Sie Sprache: das Gefühl für Sprache – für

example, the feeling for the meaning of what's more between
Beispiel, das Gefühl für die Bedeutung da‿ von, was_ist eher zwischen

the lines – lies in the right half of the brain, as also in
den Zeilen – liegt in der rechten Hälfte von dem Gehirn, so auch in

music the interpretation of a piece of music …
Musik die Interpretation von einem Stück von Musik …

38|12 M: … so, what constitutes the actual rendering of music?
… also das, was ausmacht die eigentliche Wiedergabe von Musik?

38|13 J: That's it. That ability is right brain, whereas the
Das_ist es. Jene Fähigkeit ist rechtes Gehirn, wohingegen das

mechanical reading of notes takes place more in the left half.
mechanische Lesen von Noten stattfindet eher in der linken Hälfte.

38|14 M: I once read about a pianist who, after a stroke,
Ich einmal las über einen Pianisten der, nach einem Schlaganfall,

could only play like a robot – what was essential in the
konnte nur spielen wie ein Roboter – was war wesentlich in der

music had been lost through the injuries to the brain.
Musik hatte gewesen verloren durch die Verletzungen an dem Gehirn.

38|15 J: That's a good example. So you see, cooperation
Das_ist ein gutes Beispiel. Also Sie sehen, dass die Zusammenarbeit

between the two halves of the brain is especially important.
zwischen den zwei Hälften von dem Gehirn ist besonders wichtig.

38|16 M: Yes. And such cooperation is possible because this
Ja. Und eine solche Zusammenarbeit ist möglich weil dieser

band of nerve fibres links the two halves of the brain?
Streifen von Nerven‿ Fasern verbindet die zwei Hälften von dem Gehirn?

38|17 J: Exactly. And now it's been established that this band is
Genau. Und jetzt es_hat gewesen festgestellt dass dieser Streifen ist

larger and thicker in women. This explains the results of
größer und dicker bei Frauen. Dies erklärt die Ergebnisse von

studies in which test subjects were, so to speak, observed
Studien in welchen Testpersonen waren, sozusagen, beobachtet beim

thinking. In such tests it has been shown that the two
Denken. In solchen Versuchen es hat gewesen gezeigt dass die zwei

halves of the brain communicate with each other much more in
Hälften von dem Gehirn kommunizieren mit‿ einander viel mehr bei

women than in men.
Frauen als bei Männern.

38|18 M: Yes, there was a report on television recently … I saw
Ja, da war ein Bericht auf dem Fernsehen neulich … ich sah

a professor there who said: "Women talk to each other more
einen Professor da der sagte: „Frauen reden zu‿ einander mehr

than men – even in their heads!"
als Männer – sogar in ihren Köpfen!"

38|19 J: And it's surely obvious, Mike, that such physiological
Und es_ist doch offensichtlich, Mike, dass solche physiologischen

differences give rise to differences in the way we see
Unterschiede geben Anlass zu Unterschieden in der Art, wie wir sehen

things and react to them.
Dinge und reagieren zu ihnen.

38|20 M: One assumes so. Give me an example!
Man annimmt so. Geben Sie mir ein Beispiel!

38|21 J: Well, in a discussion, men tend more to listen to the
Nun, in einer Diskussion, Männer tendieren eher zu zuhören zu den

words that are said, they mainly attend to the content!
Worten die sind gesagt, sie hauptsächlich achten zu dem Inhalt!

38|22 M: To me that seems extremely important, my dear Jane!
Zu mir das scheint äußerst wichtig, meine liebe Jane!

38|23 J: Yes, but it's only half the message, as it were!
Ja, aber es_ist nur halbe die Botschaft, gewissermaßen!

38|24 M: How do you mean?
Wie tun Sie meinen?

38|25 J: Women pay far more attention than men to the
Frauen zollen weit mehr Aufmerksamkeit als Männer zu dem

tone of voice, to the stressing of individual words, to gesture and
Tonfall, zu der Betonung von einzelnen Wörtern, zu Geste und

expression – that is, to signals which tell us how to
Ausdruck – das_heißt, zu Signalen welche erzählen uns wie zu

interpret the message.
deuten die Botschaft.

38|26 M: For instance, if something is meant ironically or seriously?
Für Beispiel, ob etwas ist gemeint ironisch oder ernst?

38|27 J: Exactly! I mean, they pay more attention to signals that
Genau! Ich meine, sie zollen mehr Aufmerksamkeit zu Signalen die

provide information on the relationship of those involved …
liefern Information auf die Beziehung von jenen die sind betroffen …

38|28 M: … while men take more notice of the message as such?
… während Männer nehmen mehr Notiz von der Botschaft als solcher?

38|29 J: Right. That's why men and women often talk at cross-purposes.
Richtig. Daher Männer und Frauen oft reden aneinander_vorbei.

True, each of them hears the same words, but they don't
Wahr, jeder von ihnen hört die‿ selben Worte, aber sie tun_nicht

hear the same message.
hören die‿ selbe Botschaft.

Englische Fassung

Lesson Thirty-eight: Men and Women (Start)

38|01 J: The research of recent decades has produced really fascinating results – although it was an unfavourable time to publish this information.

38|02 M: You mean because it was regarded as politically correct to behave as if men and women were more or less the same?

38|03 J: Exactly! And now brain research has brought to light the fact that there are real differences in the brains of men and women.

38|04 M: Well, if there are measurable physiological differences, then it can't be a matter of the opinions of certain researchers that can be disputed by others …

38|05 J: That's right.

38|06 M: Give me an example of such a difference.

38|07 J: Well, I'm sure you know that our brain actually consists of two cerebral hemispheres, which are linked by a band of nerve fibres. Apart from the brain itself, this band – whose scientific name is corpus callosum – is the largest neural plexus in the human organism.

38|08 M: Yes, I have read something about this. I believe the left half of the brain is more responsible for language, mathematics, analytical thought and details and the right more for spatial perception, images, rhythm and overview.

38|09 J: Yes, that's how it was seen for a while. What's important is being able to use both cerebral hemispheres appropriately. Take mathematics, for instance: detailed calculation is more of a left brain activity, but mathematical thinking happens in the right half.

38|10 M: So someone who is good at calculating figures but can't solve a mathematical task on his own tends to use only half his brain?

38|11 J: Exactly. Or take language: the feeling for language – for example, the feeling for the meaning of what's more between the lines – lies in the right half of the brain, as also in music the interpretation of a piece of music …

38|12 M: … so, what constitutes the actual rendering of music?

38|13 J: That's it. That ability is right brain, whereas the mechanical reading of notes takes place more in the left half.

38|14 M: I once read about a pianist who, after a stroke, could only play like a robot – what was essential in the music had been lost through the injuries to the brain.

38|15 J: That's a good example. So you see, cooperation between the two halves of the brain is especially important.

38|16 M: Yes. And such cooperation is possible because this band of nerve fibres links the two halves of the brain?

38|17 J: Exactly. And now it's been established that this band is larger and thicker in women. This explains the results of studies in which test subjects were, so to speak, observed thinking. In such tests it has been shown that the two halves of the brain communicate with each other much more in women than in men.

38|18 M: Yes, there was a report on television recently … I saw a professor there who said: "Women talk to each other more than men – even in their heads!"

38|19 J: And it's surely obvious, Mike, that such physiological differences give rise to differences in the way we see things and react to them.

38|20 M: One assumes so. Give me an example!

38|21 J: Well, in a discussion, men tend more to listen to the words that are said, they mainly attend to the content!

38|22 M: To me that seems extremely important, my dear Jane!

38|23 J: Yes, but it's only half the message, as it were!

38|24 M: How do you mean?

38|25 J: Women pay far more attention than men to the tone of voice, to the stressing of individual words, to gesture and expression – that is, to signals which tell us how to interpret the message.

38|26 M: For instance, if something is meant ironically or seriously?

38|27 J: Exactly! I mean, they pay more attention to signals that provide information on the relationship of those involved …

38|28 M: … while men take more notice of the message as such?

38|29 J: Right. That's why men and women often talk at cross-purposes. True, each of them hears the same words, but they don't hear the same message.

Lektion 39: Männer und Frauen (Fortsetzung)

39|01 M: Können Sie das an einem Beispiel illustrieren?

39|02 J: Gern. Sagen wir, ein verheiratetes Paar fragt sich, wohin man zusammen zum Essen ausgehen könnte. Er sieht die Sache auf der Inhaltsebene und sagt: „Wohin möchtest du gehen?“ Und er erwartet eine klare Antwort auf diese Frage. Sie andererseits registriert seine Bereitschaft, sie wählen zu lassen, und möchte ihm signalisieren, dass sie wiederum an seiner Wahl interessiert ist. Also sagt sie: „Wohin möchtest du gehen?“. Dies ruft eine verärgerte Reaktion hervor, die sie nicht versteht.

39|03 M: Und er sagt vielleicht etwas Abfälliges über ihre Unfähigkeit, eine Entscheidung zu treffen.

39|04 J: Ja, und das verletzt sie.

39|05 M: Aber er hat keine Ahnung, was in ihrem Kopf vorgeht?

39|06 J: Genau. Weil seine Denkweise anders ist. Er will klare Antworten auf klare Fragen.

39|07 M: Daher hat er jetzt das Gefühl, dass sie der Frage oder dem Problem ausweicht.

39|08 J: Oder sagen wir, das Ehepaar redet über seinen Sohn, der Probleme in der Schule hat. Er will das Problem lösen und schlägt Nachhilfestunden vor.

39|09 M: Keine schlechte Idee …

39|10 J: Und jetzt betrachten Sie die Idee, dass sie denkt, er sollte vielleicht mit seinem Sohn darüber reden.

39|11 M: Ah, ich weiß, worauf Sie hinauswollen. Er denkt, das Problem ist die schlechte Leistung in der Schule, aber sie denkt, dass andere Aspekte wichtiger sind …

39|12 J: Sie betrachtet vielleicht das Selbstwertgefühl des Kindes und denkt daher, dass sie mit ihm zuerst in Ruhe reden sollten, bevor sie eine Entscheidung darüber treffen, wie das Leistungsproblem gelöst werden soll.

39|13 M: Aber das würde bedeuten, dass Männer und Frauen Probleme allgemein verschieden angehen.

39|14 J: Ja. Männer sehen eher das Problem als solches – Frauen andererseits richten mehr Aufmerksamkeit auf die Menschen, die von dem Problem betroffen sind.

39|15 M: Jetzt, wo Sie das sagen, fallen mir einige Beispiele ein.

39|16 J: Oh, ja?

39|17 M: Ich war bei einem Seminar, und der Trainer da stellte heraus, dass Chefs Kritikgespräche mit Frauen anders führen sollten als mit Männern. Andererseits schien er die Forschungsstudien zum Thema nicht zu kennen. Er stellte es so hin, als seien Frauen nur emotionaler und weniger logisch … Aber im Lichte dessen, was Sie gerade gesagt haben, wirken einige seiner Ideen ganz anders auf mich.

39|18 J: Zum Beispiel?

39|19 M: Unter anderem behauptete er, dass eine Frau, wenn sie kritisiert wird, nie auf die Sache als solche reagiert, sondern immer alles persönlich nimmt.

39|20 J: Klar. Weil sie sich fragt, was die Kritik für die Beziehung bedeutet. Sie fragt sich also, ob der Chef im Allgemeinen mit ihr zufrieden ist und ob diese spezifische Kritik ein Signal dafür ist, dass er sie als Person ablehnt.

39|21 M: Das trifft es! Weil der Trainer auch sagte, dass man zuerst sagen sollte, dass man mit ihrer Arbeit zufrieden ist, und dass das, was man kritisieren will, nur einen Aspekt darstellt.

39|22 J: Zur Klarstellung: Ein Chef sollte etwas über die Beziehung sagen, weil Beziehungen für Frauen so wichtig sind.

39|23 M: Ich kann mir auch den gegenteiligen Fall vorstellen: Wenn ein weiblicher Chef einen männlichen Mitarbeiter kritisiert und damit anfängt, auf die Beziehung einzugehen, fragt er sich, warum sie nicht endlich zum Punkt kommt, weil er wissen will, was auf der Inhaltsebene falsch ist!

39|24 J: Genau! Männer und Frauen nehmen verschiedene Aspekte wahr, und je mehr wir darüber wissen, desto besser können wir miteinander auskommen.

39|25 M: Das ist wahr. Es geht nicht darum, die eine oder die andere Art besser zu finden, sondern zu verstehen, dass es Unterschiede gibt, die zu unnötigen Missverständnissen führen können.

39|26 J: Ein Autor namens John Gray hat das in seinen Büchern wunderbar auf den Punkt gebracht. Er sagt, wir könnten uns vorstellen, dass die Männer – vor langer, langer Zeit – einmal auf dem Mars lebten und dass die Frauen ursprünglich von der Venus kamen. Solange sie wussten, dass sie von verschiedenen Planeten stammten, respektierten sie die Tatsache, dass sie in vielerlei Hinsicht verschieden dachten, fühlten oder handelten. Aber irgendwann kamen sie zur Erde und vergaßen ihre Ursprünge.

39|27 M: Und da begannen die Probleme! Nicht weil sie verschieden sind, sondern weil jede Seite erwartet, die andere sei wie sie …?

39|28 J: Genau! Das ist das einzige Problem!

Dekodierte Fassung

Lesson Thirty-nine: Men and Women (Continuation)
Lektion Neununddreißig: Männer und Frauen (Fortsetzung)

39|01 M: Can you illustrate that with an example?
Können Sie illustrieren das mit einem Beispiel?

39|02 J: Right. Let's say a married couple are wondering
Gern. Lassen_Sie_uns sagen ein verheiratetes Paar sind sich_fragend

where to go out for a meal together. He sees the matter on
wohin zu gehen aus für ein Essen zusammen. Er sieht die Sache auf

the level of content and says: "Where would you like to
der Ebene von Inhalt und sagt: „Wohin würdest du mögen zu

go?" And he expects a clear answer to this question. She,
gehen?“ Und er erwartet eine klare Antwort zu dieser Frage. Sie,

on the other hand, registers his willingness to let her choose and
andererseits, registriert seine Bereitschaft zu lassen sie wählen und

would like to signal to him that she, in turn, is
würde mögen zu signalisieren zu ihm dass sie, wiederum, ist

interested in his choice. So she says: "Where would you like
interessiert in seiner Wahl. Also sie sagt: „Wohin würdest du mögen

to go?” This evokes a cross reaction, which she
zu gehen?“ Dies hervorruft eine verärgerte Reaktion, welche sie

doesn’t understand.
tut_nicht verstehen.

39|03 M: And he, perhaps, says something disparaging about her inability to
Und er, vielleicht, sagt etwas Abfälliges über ihre Unfähigkeit zu

make a decision.
machen eine Entscheidung.

39|04 J: Yes and that hurts her.
Ja und das verletzt sie.

39|05 M: But he has no idea what’s going on in her head?
Aber er hat keine Ahnung was_ist vorgehend in ihrem Kopf?

39|06 J: Exactly. Because his way of thinking is different. He wants clear
Genau. Weil seine Denkweise ist anders. Er wünscht klare

answers to clear questions.
Antworten zu klaren Fragen.

39|07 M: That’s why he now has the feeling she’s evading the
Daher er jetzt hat das Gefühl, dass sie_ist ausweichend der

question or the problem.
Frage oder dem Problem.

39|08 J: Or let’s say, the couple are talking about their son,
Oder lassen_Sie_uns sagen, das Ehepaar sind redend über ihren Sohn,

who has problems at school. He wants to solve the problem
der hat Probleme an der Schule. Er wünscht zu lösen das Problem

and suggests private lessons.
und vorschlägt Nachhilfestunden.

39|09 M: Not a bad idea …
Nicht eine schlechte Idee …

39|10 J: And now consider the idea that she thinks he should perhaps
Und jetzt betrachten Sie die Idee dass sie denkt er sollte vielleicht

have a talk with his son about it.
haben eine Unterredung mit seinem Sohn darüber.

39|11 M: Ah, I know what you’re getting at. He thinks the problem is
Ah, ich weiß was Sie_sind gelangend an. Er denkt das Problem ist

poor performance at school, but she thinks other
die schlechte Leistung an der Schule, aber sie denkt, dass andere

aspects are more important …
Aspekte sind mehr wichtig …

39|12 J: She's maybe considering the child's sense of his own value and
Sie_ist vielleicht betrachtend des Kindes Selbstwertgefühl und

therefore thinks they should have a quiet talk with
daher denkt, dass sie sollten haben eine ruhige Unterredung mit

him first before making a decision on how
ihm zuerst bevor sie sind machend eine Entscheidung dar‿ auf wie

the performance problem should be solved.
das Leistungs‿ Problem sollte sein gelöst.

39|13 M: But that would mean that men and women generally approach
Aber das würde bedeuten dass Männer und Frauen allgemein angehen

problems differently.
Probleme verschieden.

39|14 J: Yes. Men tend to see the problem as such – women,
Ja. Männer tendieren zu sehen das Problem als solches – Frauen,

on the other hand, focus more attention on the people
andererseits, richten mehr Aufmerksamkeit auf die Menschen

involved in the problem.
betroffen in dem Problem.

39|15 M: Now that you say this, some examples occur to me.
Jetzt dass Sie sagen dies, einige Beispiele einfallen zu mir.

39|16 J: Oh yes?
Oh ja?

39|17 M: I was at a seminar and the trainer there pointed out that
Ich war bei einem Seminar und der Trainer da herausstellte, dass

bosses should conduct critical conversations with women differently than
Chefs sollten führen kritische Gespräche mit Frauen anders als

with men. On the other hand, he seemed not to know the
mit Männern. Andererseits, er schien nicht zu kennen die

research studies on the subject. He made it appear as if
Forschungs‿ Studien auf das Thema. Er machte es erscheinen als ob

women were just more emotional and less logical … But in
Frauen wären nur mehr emotional und weniger logisch … Aber in

the light of what you've just said, some of his
dem Licht da‿ von, was Sie_haben gerade gesagt, einige von seinen

ideas strike me quite differently.
Ideen treffen mich ganz anders.

39|18 J: For example?
Für Beispiel?

39|19 M: Among other things, he maintained that a woman, when she's
Unter anderen Dingen, er behauptete dass eine Frau, wenn sie_ist

criticized, never reacts to the matter as such, but always
kritisiert, nie reagiert zu der Sache als solcher, sondern immer

takes everything personally.
nimmt alles persönlich.

39|20 J: Clearly. Because she asks herself what the criticism means for the
Klar. Weil sie fragt sich_selbst was die Kritik bedeutet für die

relationship. So she asks herself whether the boss is satisfied
Beziehung. Also sie fragt sich_selbst ob der Chef ist zufrieden

with her in a general sense and whether this specific
mit ihr in einem allgemeinen Sinn und ob diese spezifische

criticism is a signal of his rejection of her as a person.
Kritik ist ein Signal von seiner Ablehnung von ihr als einer Person.

39|21 M: That figures! Because the trainer also said that one should first
Das zutrifft! Weil der Trainer auch sagte dass man sollte zuerst

say that one is satisfied with her work and that what
sagen dass man ist zufrieden mit ihrer Arbeit und dass das, was

one wishes to criticize represents only one aspect.
man wünscht zu kritisieren darstellt nur einen Aspekt.

39|22 J: To put it clearly: a boss should say something about the
Zu stellen es klar: ein Chef sollte sagen etwas über die

relationship, because relationships are so important to women.
Beziehung, weil Beziehungen sind so wichtig zu Frauen.

39|23 M: I can also imagine the opposite case: if a
Ich kann auch vorstellen mir den gegenteiligen Fall: wenn ein

female boss criticizes a male employee and starts
weiblicher Chef kritisiert einen männlichen Mitarbeiter und anfängt da‿

by enlarging on the relationship, he'll ask himself why
mit, einzugehen auf die Beziehung, er_wird fragen sich_selbst warum

she doesn't get to the point at last, because he wants to
sie tut_nicht kommen zu dem Punkt endlich, weil er wünscht zu

know what's wrong on the level of content!
wissen was_ist falsch auf der Ebene von Inhalt!

39|24 J: Precisely! Men and women perceive different aspects and
Genau! Männer und Frauen wahrnehmen verschiedene Aspekte und

the more we know about it, the better we can get along
je mehr wir wissen darüber, desto besser wir können auskommen

together.
miteinander.

39|25 M: That's true. It's not a matter of finding one
Das_ist wahr. Es_ist nicht eine Sache da‿ von, zu finden die eine

or the other way better, but of understanding that
oder die andere Art besser, sondern da‿ von, zu verstehen dass

there are differences which can lead to unnecessary
da sind Unterschiede welche können führen zu unnötigen

misunderstandings.
Missverständnissen.

39|26 J: A writer called John Gray has summed it up wonderfully in
Ein Autor namens John Gray hat summiert es auf wunderbar in

his books. He says we can imagine that men –
seinen Büchern. Er sagt wir können vorstellen uns dass Männer –

a long, long time ago – once lived on Mars and that
eine lange, lange Zeit her – einmal lebten auf dem Mars und dass

women originally came from Venus. As long as they
Frauen ursprünglich kamen von der Venus. So‿ lange wie sie

knew that they hailed from different planets they
wussten dass sie stammten von verschiedenen Planeten sie

respected the fact that they thought, felt and acted
respektierten die Tatsache dass sie dachten, fühlten und handelten

differently in many ways. But at some point they came to
verschieden in_vielerlei_Hinsicht. Aber irgendwann sie kamen zu der

Earth and forgot their origins.
Erde und vergaßen ihre Ursprünge.

39|27 M: And that's where the problems started! Not because they're
Und das_ist wo die Probleme anfingen! Nicht weil sie_sind

different, but because each side expects the other to be
verschieden, sondern weil jede Seite erwartet die andere zu sein

like them …?
wie sie …?

39|28 J: Exactly! That's the only problem!
Genau! Das_ist das einzige Problem!

Englische Fassung

Lesson Thirty-nine: Men and Women (Continuation)

39|01 M: Can you illustrate that with an example?

39|02 J: Right. Let's say a married couple are wondering where to go out for a meal together. He sees the matter on the level of content and says: "Where would you like to go?" And he expects a clear answer to this question. She, on the other hand, registers his willingness to let her choose and would like to signal to him that she, in turn, is interested in his choice. So she says: "Where would you like to go?" This evokes a cross reaction, which she doesn't understand.

39|03 M: And he, perhaps, says something disparaging about her inability to make a decision.

39|04 J: Yes and that hurts her.

39|05 M: But he has no idea what's going on in her head?

39|06 J: Exactly. Because his way of thinking is different. He wants clear answers to clear questions.

39|07 M: That's why he now has the feeling she's evading the question or the problem.

39|08 J: Or let's say, the couple are talking about their son, who has problems at school. He wants to solve the problem and suggests private lessons.

39|09 M: Not a bad idea …

39|10 J: And now consider the idea that she thinks he should perhaps have a talk with his son about it.

39|11 M: Ah, I know what you're getting at. He thinks the problem is poor performance at school, but she thinks other aspects are more important …

39|12 J: She's maybe considering the child's sense of his own value and therefore thinks they should have a quiet talk with him first before making a decision on how the performance problem should be solved.

39|13 M: But that would mean that men and women generally approach problems differently.

39|14 J: Yes. Men tend to see the problem as such – women, on the other hand, focus more attention on the people involved in the problem.

39|15 M: Now that you say this, some examples occur to me.

39|16 J: Oh yes?

39|17 M: I was at a seminar and the trainer there pointed out that bosses should conduct critical conversations with women differently than with men. On the other hand, he seemed not to know the research studies on the subject. He made it appear as if women were just more emotional and less logical … But in the light of what you've just said, some of his ideas strike me quite differently.

39|18 J: For example?

39|19 M: Among other things, he maintained that a woman, when she's criticized, never reacts to the matter as such, but always takes everything personally.

39|20 J: Clearly. Because she asks herself what the criticism means for the relationship. So she asks herself whether the boss is satisfied with her in a general sense and whether this specific criticism is a signal of his rejection of her as a person.

39|21 M: That figures! Because the trainer also said that one should first say that one is satisfied with her work and that what one wishes to criticize represents only one aspect.

39|22 J: To put it clearly: a boss should say something about the relationship, because relationships are so important to women.

39|23 M: I can also imagine the opposite case: if a female boss criticizes a male employee and starts by enlarging on the relationship, he'll ask himself why she doesn't get to the point at last, because he wants to know what's wrong on the level of content!

39|24 J: Precisely! Men and women perceive different aspects and the more we know about it, the better we can get along together.

39|25 M: That's true. It's not a matter of finding one or the other way better, but of understanding that there are differences which can lead to unnecessary misunderstandings.

39|26 J: A writer called John Gray has summed it up wonderfully in his books. He says we can imagine that men – a long, long time ago – once lived on Mars and that women originally came from Venus. As long as they knew that they hailed from different planets they respected the fact that they thought, felt and acted differently in many ways. But at some point they came to Earth and forgot their origins.

39|27 M: And that's where the problems started! Not because they're different, but because each side expects the other to be like them …?

39|28 J: Exactly! That's the only problem!

Lektion 40: Männer und Frauen (Ende)

40|01 M: Geben Sie mir ein weiteres Beispiel, Jane.

40|02 J: Männer ziehen sich eher zurück, um allein über Dinge nachzudenken, wenn sie ein Problem nicht gleich lösen können.

40|03 M: Ich kann das nachempfinden.

40|04 J: John Gray sagt: „Der Mars war voller Höhlen, in die sich die Marsianer zurückzogen, wenn sie allein nachdenken wollten."

40|05 M: Und die Venusianerinnen gingen Probleme ganz anders an?

40|06 J: Richtig! Es gab keine einzige Höhle auf der Venus, weil Venusianerinnen Probleme eher zusammen diskutieren. John Gray betont sogar, dass es auf der Venus eigentlich verboten war, jemanden, der ein Problem hatte, allein zu lassen …

40|07 M: Das muss zu ernsten Kommunikationsproblemen führen!

40|08 J: Sagen wir, er kommt von der Arbeit heim, und sie bemerkt, dass er irgendwie niedergeschlagen ist. Also sagt sie: „Was ist los, Liebling?"

40|09 M: Worauf er erwidert: „Nichts."

40|10 J: Auf der Beziehungsebene sagt er: „Lass mich in die Höhle gehen."

40|11 M: Was sie als Venusianerin natürlich nicht zulassen kann.

40|12 J: Also hat er das Gefühl, sie bedrängt ihn, während sie das Gefühl hat, er will nicht mit ihr reden … Dies ist ein weiteres Beziehungssignal ihrerseits …

40|13 M: … weil sie Angst hat, dass die Beziehung nicht in Ordnung ist.

40|14 J: So ist es.

40|15 M: Ich war oft erstaunt, dass einige Menschen – und jetzt weiß ich, warum es hauptsächlich Frauen sind – dass einige Menschen gerne Probleme diskutieren, wenn sie noch nicht genau wissen, worin das Problem besteht. Wissen Sie, was ich meine?

40|16 J: Ja, freilich. Venusianerinnen benutzen eine Diskussion, um das Problem zu erforschen, um es von allen Seiten zu beleuchten und um zusammen herauszufinden, was das eigentlich Problematische an der Situation ist.

40|17 M: Wohingegen Marsianer lieber in die Höhle gehen, um allein darüber nachzudenken entsprechend dem Leitsatz: „Solange ich das Problem nicht einmal klar definieren kann, will ich nicht darüber reden."

40|18 J: Wie Sie sehen, gibt es einfach zwei sehr verschiedene Arten, ein Problem anzugehen.

40|19 M: Von denen keine besser oder schlechter sein muss.

40|20 J: Richtig. Nur verschieden!

40|21 M: Wenn man anfangen würde, das zu verstehen, würde man gewisses Verhalten nicht mehr missverstehen …

40|22 J: … Und man könnte sich besser auf andere Menschen einstellen. Frauen könnten lernen zu akzeptieren, dass Männer in die Höhle gehen wollen, ohne sofort zu denken, dass sie ihnen nicht mehr vertrauen würden …

40|23 M: … während Männer lernen könnten, mit Frauen über Probleme zu reden, wenn die Frauen noch in der Nachdenkphase sind.

40|24 J: Richtig! Weil Frauen gerne zusammen in einer Diskussion nachdenken.

40|25 M: Wissen Sie, ich sehe plötzlich eine Reihe von vergangenen Situationen ganz anders … Gespräche mit meiner Mutter, meiner Schwester, meiner früheren festen Freundin …

40|26 J: Und ich habe das Gefühl, Männer viel besser zu verstehen, seit ich angefangen habe, dies zu studieren. Zum Beispiel, wenn ein Ehepaar bei mir einen Teppich kaufen will.

40|27 M: Interessant. Wie unterscheiden sie sich dabei zum Beispiel?

40|28 J: Was ihn am meisten interessiert, sind Größe und Qualität, während sie primär wissen will, ob gefährliche Fasern enthalten sind, da sie sich ihr Kind auf dem Teppich spielend vorstellt …

40|29 M: … da sie im Zweifelsfall alles auf Menschen bezieht?

40|30 J: Genau. Oder nehmen Sie zum Beispiel meine Freundin. Sie war neulich mit ihrem festen Freund unterwegs; er war am Steuer, und er konnte den Weg zu einem neuen Restaurant nicht finden. Also kreiste er eine Zeitlang in jenem Stadtviertel herum …

40|31 M: … weil er das Problem allein lösen wollte!

40|32 J: Und als sie vorgeschlagen hat, jemanden zu fragen, war er eher verärgert …

40|33 M: Weil es seinen Stolz verletzte?

40|34 J: Ich nehme an, er betrachtete ihren Vorschlag als Kritik an seinem Verhalten, während sie es als Frau vollkommen normal fand, mit anderen über das Problem zu sprechen …

40|35 M: … zum Beispiel mit jemandem, der die Gegend kannte.

40|36 J: Genau!

40|37 M: Nun, ich hoffe, dass wir zwei – in dem Wissen, dass es solche Unterschiede beim Denken und Handeln gibt – irgendwelche Missverständnisse leichter klären können, wenn sie auftauchen …

40|38 J: Das Wissen um diese Dinge muss es uns viel leichter machen!

40|39 M: Und es macht mich neugierig! Ich stelle mir vor, dass es sehr aufregend ist, sich solcher Unterschiede bewusster zu sein und sie zu nutzen, um einander besser kennenzulernen. Ich möchte Sie wie ein Forscher erkunden, meine liebe Jane …

40|40 J: Und ich Sie, mein lieber Mike …

Dekodierte Fassung

Lesson Forty: Men and Women (End)
Lektion Vierzig: Männer und Frauen (Ende)

40|01 M: Give me another example, Jane.
Geben Sie mir ein_weiteres Beispiel, Jane.

40|02 J: Men tend to withdraw, to think things over
Männer tendieren zu zurückziehen sich, zu denken Dinge über

on their own, when they can't solve a problem straight away.
allein, wenn sie können_nicht lösen ein Problem gleich.

40|03 M: I can sympathize with that.
Ich kann sympathisieren damit.

40|04 J: John Gray says: "Mars was full of caves into which the
John Gray sagt: „Der Mars war voll von Höhlen in welche die

Martians withdrew when they wanted to think alone."
Marsianer zurückzogen sich wenn sie wünschten zu nachdenken allein.“

40|05 M: And the Venusians approached problems quite differently?
Und die Venusianerinnen angingen Probleme ganz anders?

40|06 J: Right! There wasn't a single cave on Venus, because
Richtig! Da war_nicht eine einzige Höhle auf der Venus, weil

Venusians tend to discuss problems together. John
Venusianerinnen tendieren zu diskutieren Probleme zusammen. John

Gray even stresses that it was actually forbidden on Venus to
Gray sogar betont dass es war eigentlich verboten auf der Venus zu

leave someone who had a problem alone …
lassen jemanden der hatte ein Problem allein …

40|07 M: This must lead to serious problems of communication!
Dies muss führen zu ernsten Problemen von Kommunikation!

40|08 J: Let's say he comes home from work and she
Lassen_Sie_uns sagen er kommt heim von der Arbeit und sie

notices that he's in some way depressed. So she says:
bemerkt dass er_ist irgendwie niedergeschlagen. Also sie sagt:

"What's wrong, darling?"
„Was_ist falsch, Liebling?"

40|09 M: To which he responds: "Nothing."
Zu welchem er erwidert: „Nichts."

40|10 J: On the relationship level he's saying: "Let me go into the cave."
Auf der Beziehungs‿ Ebene er_ist sagend: „Lass mich gehen in die Höhle."

40|11 M: Which, of course, as a Venusian she can't permit.
Welches, natürlich, als eine Venusianerin sie kann_nicht zulassen.

40|12 J: So he has the feeling she's pressurizing him, while she has the
Also er hat das Gefühl sie_ist bedrängend ihn, während sie hat das

feeling he doesn't want to talk to her … From her side this is
Gefühl er tut_nicht wünschen zu reden zu ihr … Ihrerseits dies ist

another relationship signal …
ein_weiteres Beziehungs‿ Signal …

40|13 M: … because she's anxious that the relationship isn't in order.
… weil sie_ist ängstlich dass die Beziehung ist_nicht in Ordnung.

40|14 J: That's it.
Das_ist es.

40|15 M: I’ve often been amazed that some people – and now I
Ich_habe oft gewesen erstaunt dass einige Menschen – und jetzt ich

know why they’re mainly women – that some people
weiß warum sie_sind hauptsächlich Frauen – dass einige Menschen

like discussing problems when they don’t yet know exactly
mögen diskutieren Probleme wenn sie tun_nicht noch wissen genau

what the problem consists of. Do you know what I mean?
was das Problem besteht von. Tun Sie wissen was ich meine?

40|16 J: Yes, indeed. Venusians use discussion to explore
Ja, freilich. Venusianerinnen benutzen eine Diskussion zu erforschen

the problem, to throw light on it from all angles and to
das Problem, zu werfen Licht darauf aus allen Winkeln und zu

discover together what is actually problematic in the situation.
herausfinden zusammen was ist eigentlich problematisch in der Situation.

40|17 M: Whereas Martians prefer going into the cave to
Wohingegen Marsianer bevorzugen zu gehen in die Höhle zu

reflect on it alone, according to the maxim: “So long
nachdenken darauf allein, entsprechend zu dem Leitsatz: „So‿ lange

as even I can’t define the problem clearly, I don’t
wie sogar ich kann_nicht definieren das Problem klar, ich tue_nicht

want to talk about it.”
wünschen zu reden darüber.“

40|18 J: As you see, there are simply two very different ways
Wie Sie sehen, da sind einfach zwei sehr verschiedene Arten da‿

of approaching a problem.
von, anzugehen ein Problem.

40|19 M: Of which neither has to be better or worse.
Von welchen keine hat zu sein besser oder schlechter.

40|20 J: Right. Just different!
Richtig. Nur verschieden!

40|21 M: If one started to understand this, one would no longer
Wenn man anfinge zu verstehen dies, man würde nicht_mehr

misunderstand certain behaviour …
missverstehen gewisses Verhalten …

40|22 J: … And one could attune oneself better to other people.
… Und man könnte einstellen sich_selbst besser zu anderen Menschen.

Women could learn to accept that men want to go
Frauen könnten lernen zu akzeptieren dass Männer wünschen zu gehen

into the cave, without immediately thinking they no longer
in die Höhle, ohne sofort zu denken, dass sie nicht_mehr

trusted them …
vertrauten ihnen …

40|23 M: … while men could learn to talk to women about
… während Männer könnten lernen zu reden zu Frauen über

problems when the women are still in the reflective phase.
Probleme wenn die Frauen sind noch in der Nachdenk‿ Phase.

40|24 J: Right! Because women like to do the reflecting together, in
Richtig! Weil Frauen mögen zu tun das Nachdenken zusammen, in

discussion.
einer Diskussion.

40|25 M: Do you know, I'm suddenly seeing a series of past
Tun Sie wissen, ich_bin plötzlich sehend eine Reihe von vergangenen

situations quite differently … Conversations with my mother, my
Situationen ganz anders … Gespräche mit meiner Mutter, meiner

sister, my former girlfriend …
Schwester, meiner früheren festen_Freundin …

40|26 J: And I have the feeling of understanding men much
Und ich habe das Gefühl da‿ von, zu verstehen Männer viel

better since I started studying this. For instance, when a
besser seit ich anfing zu studieren dies. Für Beispiel, wenn ein

couple want to buy a carpet from me.
Ehepaar wünschen zu kaufen einen Teppich bei mir.

40|27 M: Interesting. How do they differ in this, for example?
Interessant. Wie tun sie unterscheiden sich darin, für Beispiel?

40|28 J: What interests him most is size and quality, while she
Was interessiert ihn am meisten ist Größe und Qualität, während sie

primarily wants to know whether there are dangerous fibres
primär wünscht zu wissen ob da sind gefährliche Fasern

involved, since she imagines their child playing on the carpet …
enthalten, da sie vorstellt sich ihr Kind spielend auf dem Teppich …

40|29 M: … since, in case of doubt, she relates everything to people?
… da, in dem Fall von Zweifel, sie bezieht alles zu Menschen?

40|30 J: Exactly. Or take my friend, for example. She was
Genau. Oder nehmen Sie meine Freundin, für Beispiel. Sie war

recently out driving with her boyfriend; he was at the
neulich unterwegs fahrend mit ihrem festen_Freund; er war an dem

wheel and he couldn't find the way to a new
Steuer und er konnte_nicht finden den Weg zu einem neuen

restaurant. So he cruised around that part of town for a
Restaurant. Also er kreiste um jenen Teil von der Stadt für eine

while …
Zeitlang …

40|31 M: … because he wanted to solve the problem on his own!
… weil er wünschte zu lösen das Problem allein!

40|32 J: And when she suggested asking someone, he was rather cross …
Und als sie vorschlug zu fragen jemanden, er war eher verärgert …

40|33 M: Because it hurt his pride?
Weil es verletzte seinen Stolz?

40|34 J: I take it he regarded her suggestion as criticism of his
Ich annehme es er betrachtete ihren Vorschlag als Kritik von seinem

behaviour, while as a woman she found it perfectly normal
Verhalten, während als eine Frau sie fand es vollkommen normal

to speak to others about the problem …
zu sprechen zu anderen über das Problem …

40|35 M: … for instance with someone who knew the area.
… für Beispiel mit jemandem der kannte die Gegend.

40|36 J: Exactly!
Genau!

40|37 M: Well, I hope that we two – knowing there are such
Nun, ich hoffe dass wir zwei – wissend, dass da sind solche

differences in thinking and acting – can clarify any
Unterschiede in Denken und Handeln – können klären irgendwelche

misunderstandings more easily if they come up …
Missverständnisse mehr leicht wenn sie auftauchen …

40|38 J: Knowing about these things is bound to make it much easier for us!
Das Wissen über diese Dinge muss machen es viel leichter für uns!

40|39 M: And it makes me curious! I imagine it's very
Und es macht mich neugierig! Ich vorstelle mir, dass es_ist sehr

exciting to be more aware of such differences and to
aufregend zu sein mehr bewusst von solchen Unterschieden und zu

use them to get to know each other better. I'd like to
nutzen sie zu kennenlernen einander besser. Ich_würde mögen zu

find out about you like an explorer, my dear Jane …
erkunden über Sie wie ein Forscher, meine liebe Jane …

40|40 J: And I you, my dear Mike …
Und ich Sie, mein lieber Mike …

Englische Fassung

Lesson Forty: Men and Women (End)

40|01 M: Give me another example, Jane.

40|02 J: Men tend to withdraw, to think things over on their own, when they can't solve a problem straight away.

40|03 M: I can sympathize with that.

40|04 J: John Gray says: "Mars was full of caves into which the Martians withdrew when they wanted to think alone."

40|05 M: And the Venusians approached problems quite differently?

40|06 J: Right! There wasn't a single cave on Venus, because Venusians tend to discuss problems together. John Gray even stresses that it was actually forbidden on Venus to leave someone who had a problem alone …

40|07 M: This must lead to serious problems of communication!

40|08 J: Let's say he comes home from work and she notices that he's in some way depressed. So she says: "What's wrong, darling?"

40|09 M: To which he responds: "Nothing."

40|10 J: On the relationship level he's saying: "Let me go into the cave."

40|11 M: Which, of course, as a Venusian she can't permit.

40|12 J: So he has the feeling she's pressurizing him, while she has the feeling he doesn't want to talk to her … From her side this is another relationship signal …

40|13 M: … because she's anxious that the relationship isn't in order.

40|14 J: That's it.

40|15 M: I've often been amazed that some people – and now I know why they're mainly women – that some people like discussing problems when they don't yet know exactly what the problem consists of. Do you know what I mean?

40|16 J: Yes, indeed. Venusians use discussion to explore the problem, to throw light on it from all angles and to discover together what is actually problematic in the situation.

40|17 M: Whereas Martians prefer going into the cave to reflect on it alone, according to the maxim: "So long as even I can't define the problem clearly, I don't want to talk about it."

40|18 J: As you see, there are simply two very different ways of approaching a problem.

40|19 M: Of which neither has to be better or worse.

40|20 J: Right. Just different!

40|21 M: If one started to understand this, one would no longer misunderstand certain behaviour …

40|22 J: … And one could attune oneself better to other people. Women could learn to accept that men want to go into the cave, without immediately thinking they no longer trusted them …

40|23 M: … while men could learn to talk to women about problems when the women are still in the reflective phase.

40|24 J: Right! Because women like to do the reflecting together, in discussion.

40|25 M: Do you know, I'm suddenly seeing a series of past situations quite differently … Conversations with my mother, my sister, my former girlfriend …

40|26 J: And I have the feeling of understanding men much better since I started studying this. For instance, when a couple want to buy a carpet from me.

40|27 M: Interesting. How do they differ in this, for example?

40|28 J: What interests him most is size and quality, while she primarily wants to know whether there are dangerous fibres involved, since she imagines their child playing on the carpet …

40|29 M: … since, in case of doubt, she relates everything to people?

40|30 J: Exactly. Or take my friend, for example. She was recently out driving with her boyfriend; he was at the wheel and he couldn't find the way to a new restaurant. So he cruised around that part of town for a while …

40|31 M: … because he wanted to solve the problem on his own!

40|32 J: And when she suggested asking someone, he was rather cross …

40|33 M: Because it hurt his pride?

40|34 J: I take it he regarded her suggestion as criticism of his behaviour, while as a woman she found it perfectly normal to speak to others about the problem …

40|35 M: … for instance with someone who knew the area.

40|36 J: Exactly!

40|37 M: Well, I hope that we two – knowing there are such differences in thinking and acting – can clarify any misunderstandings more easily if they come up …

40|38 J: Knowing about these things is bound to make it much easier for us!

40|39 M: And it makes me curious! I imagine it's very exciting to be more aware of such differences and to use them to get to know each other better. I'd like to find out about you like an explorer, my dear Jane …

40|40 J: And I you, my dear Mike …

Epilog

4E|01 J: Meine Damen und Herren, wir möchten Ihnen jetzt sehr herzlich gratulieren. Sie haben unglaubliche Dinge geleistet.

4E|02 M: Sie haben die Vorurteile, die oft gegenüber neuen Methoden gezeigt werden, beiseite gestoßen …

4E|03 J: … indem Sie diesen Kurs erworben haben.

4E|04 M: Sie haben sich die Theorie einer neuen Lernmethode angeeignet …

4E|05 J: … indem Sie die Gebrauchsanweisung zu diesem Buch gelesen haben.

4E|06 M: Sie haben diese neue Lernmethode in der Praxis benutzt …

4E|07 J: … während Sie diesen Kurs nach der Birkenbihl-Methode durchgearbeitet haben.

4E|08 M: Und Sie haben Beharrlichkeit und Ausdauer gezeigt …

4E|09 J: … indem Sie bis zum Ende des Kurses durchgehalten haben.

4E|10 M: Aber Sie haben sogar mehr geleistet. Sie haben nicht nur herausgefunden, wie man eine Fremdsprache auf gehirn-gerechte Art lernt.

4E|11 J: Sie haben sich mit Ideen zu allerlei verschiedenen Themen befasst, über die Sie nach dem Kurs vielleicht weiter nachdenken möchten …

4E|12 M: … wie das Thema „Männer und Frauen“. Ich werde mich sicher mehr dafür interessieren, weil wir schließlich alle, Frauen und Männer, davon profitieren, wenn wir besser verstehen, wo die Unterschiede liegen …

4E|13 J: … und wo wir einander ergänzen, sodass wir einander besser verstehen und uns einfühlsamer aufeinander einstellen können.

4E|14 M: Dies kann in allen Arten von Situationen hilfreich sein, ob beruflich dabei, mit Kollegen oder Kunden zu reden …

4E|15 J: … oder in der Privatsphäre mit Familie und Freunden.

4E|16 M: Genau. Sodass Sie bei jeder zukünftigen Wiederholung dieses Kurses wieder an diese Ideen erinnert werden …

4E|17 J: … und häufige Wiederholung erhöht natürlich Ihre Erfolgserlebnisse dabei, die Sprache zu lernen.

4E|18 M: Wir beide wünschen Ihnen viele Erfolgserlebnisse in Ihrem Leben sowohl beim Sprachenlernen als auch allgemein!

4E|19 MJ: Viel Glück!

Dekodierte Fassung

Epilogue
Epilog

4E|01 J:
Ladies and gentlemen, we'd now like to congratulate
Meine Damen und Herren, wir_würden jetzt mögen zu gratulieren

you very heartily. You've achieved incredible things.
Ihnen sehr herzlich. Sie_haben geleistet unglaubliche Dinge.

4E|02 M:
You have thrust aside the prejudices that are often shown to
Sie haben gestoßen beiseite die Vorurteile die sind oft gezeigt zu

new methods …
neuen Methoden …

4E|03 J: … by purchasing this course.
… da‿ durch, zu erwerben diesen Kurs.

4E|04 M: You have acquired the theory of a new method of
Sie haben angeeignet sich die Theorie von einer neuen Methode von

learning …
Lernen …

4E|05 J: … by reading the Instructions for Use of this book.
… da‿ durch, zu lesen die Gebrauchsanweisung von diesem Buch.

4E|06 M: You have used this new learning method in practice …
Sie haben benutzt diese neue Lern‿ Methode in der Praxis …

4E|07 J: … while working through this course by the
… während Sie waren arbeitend durch diesen Kurs mit der

Birkenbihl Method.
Birkenbihl-‿ Methode.

4E|08 M: And you have shown perseverance and stamina …
Und Sie haben gezeigt Beharrlichkeit und Ausdauer …

4E|09 J: … in holding out to the end of the course.
… dar‿ in, durchzuhalten bis zu dem Ende von dem Kurs.

4E|10 M: But you have achieved even more. You have not only
Aber Sie haben geleistet sogar mehr. Sie haben nicht nur

discovered how to learn a foreign language in a
herausgefunden wie zu lernen eine Fremd‿ Sprache in einer

brain-friendly way.
gehirn-gerechten Art.

4E|11 J: You have been involved with ideas on all manner of different
Sie haben gewesen befasst mit Ideen auf allerlei verschiedene

subjects, about which you may like to reflect further after
Themen, über welche Sie mögen mögen zu nachdenken weiter nach

the course …
dem Kurs …

4E|12 M: … such as the subject of "Men and women". I shall
… solche wie das Thema von „Männern und Frauen". Ich werde

certainly be taking a closer interest, because ultimately all of
sicher sein nehmend ein näheres Interesse, weil schließlich alle von

us, women and men, will benefit from understanding
uns, Frauen und Männer, werden profitieren da‿ von, zu verstehen

better where the differences lie …
besser wo die Unterschiede liegen …

4E|13 J: … and where we complement one another, so that we understand
… und wo wir ergänzen einander, sodass wir verstehen

one another better and can adjust to one another more sensitively.
einander besser und können einstellen uns zu‿ einander mehr einfühlsam.

4E|14 M: This can be helpful in all kinds of situations whether
Dies kann sein hilfreich in allen Arten von Situationen ob

professionally in talking to colleagues and customers …
beruflich dar‿ in, zu reden zu Kollegen und Kunden …

4E|15 J: … or in the private sphere to family and friends.
… oder in der Privat‿ Sphäre zu Familie und Freunden.

4E|16 M: Exactly. So with every future repetition of this course,
Genau. So bei jeder zukünftigen Wiederholung von diesem Kurs,

you'll be reminded of these ideas again …
Sie_werden sein erinnert von diesen Ideen wieder …

4E|17 J: … and frequent repetition will naturally enhance your experience
… und häufige Wiederholung wird natürlich erhöhen Ihr Erlebnis

of success in learning the language.
von Erfolg dar‿ in, zu lernen die Sprache.

4E|18 M: We both wish you many successful experiences in your
Wir beide wünschen Ihnen viele erfolgreiche Erlebnisse in Ihren

lives, both in language learning and generally!
Leben, beides in Sprachen‿ Lernen und allgemein!

4E|19 MJ: Good luck!
Gutes Glück!

Epilogue

4E|01 J: Ladies and gentlemen, we'd now like to congratulate you very heartily. You've achieved incredible things.

4E|02 M: You have thrust aside the prejudices that are often shown to new methods …

4E|03 J: … by purchasing this course.

4E|04 M: You have acquired the theory of a new method of learning …

4E|05 J: … by reading the Instructions for Use of this book.

4E|06 M: You have used this new learning method in practice …

4E|07 J: … while working through this course by the Birkenbihl Method.

4E|08 M: And you have shown perseverance and stamina …

4E|09 J: … in holding out to the end of the course.

4E|10 M: But you have achieved even more. You have not only discovered how to learn a foreign language in a brain-friendly way.

4E|11 J: You have been involved with ideas on all manner of different subjects, about which you may like to reflect further after the course …

4E|12 M: … such as the subject of "Men and women". I shall certainly be taking a closer interest, because ultimately all of us, women and men, will benefit from understanding better where the differences lie …

4E|13 J: … and where we complement one another, so that we understand one another better and can adjust to one another more sensitively.

4E|14 M: This can be helpful in all kinds of situations whether professionally in talking to colleagues and customers …

4E|15 J: … or in the private sphere to family and friends.

4E|16 M: Exactly. So with every future repetition of this course, you'll be reminded of these ideas again …

4E|17 J: … and frequent repetition will naturally enhance your experience of success in learning the language.

4E|18 M: We both wish you many successful experiences in your lives, both in language learning and generally!

4E|19 MJ: Good luck!